广雅

聚焦文化普及,传递人文新知

广大而精微

趣味法律史

主编 景风华

木兰无名 缇萦无踪

法律史视野下的女性悲喜

张田田 著

广西师范大学出版社

·桂林·

木兰无名，缇萦无踪：法律史视野下的女性悲喜
MULAN WUMING, TIYING WUZONG: FALÜSHI SHIYE XIA DE NÜXING BEIXI

图书在版编目（CIP）数据

木兰无名，缇萦无踪：法律史视野下的女性悲喜 / 张田田著. -- 桂林：广西师范大学出版社，2024.11. （趣味法律史 / 景风华主编）. -- ISBN 978-7-5598-7315-6

Ⅰ. D929

中国国家版本馆 CIP 数据核字第 2024Y60T36 号

广西师范大学出版社出版发行
（广西桂林市五里店路 9 号　邮政编码：541004）
　网址：http://www.bbtpress.com
出版人：黄轩庄
全国新华书店经销
广西广大印务有限责任公司印刷
（桂林市临桂区秧塘工业园西城大道北侧广西师范大学出版社集团有限公司创意产业园内　邮政编码：541199）
开本：880 mm ×1 240 mm　1/32
印张：8.75　　　字数：200 千
2024 年 11 月第 1 版　　2024 年 11 月第 1 次印刷
印数：0 001~5 000 册　定价：69.00 元
如发现印装质量问题，影响阅读，请与出版社发行部门联系调换。

练习回嘴的勇气:"你太敏感了。""是你太粗糙了。"

——林奕含(著有《房思琪的初恋乐园》)

被权威文学正典忽略不计的各种生活经历多得令人咋舌……1977年春天,在科罗拉多大学一次关于女性画家作品的讲座上,J. J. 威尔逊说了一句至理名言:没有人一生只画一幅画。(但她又补充了一句:如果你是通过大众化的复制品认识这些女艺术家的,你可能会这么认为。)文学也是一样。没有人一生只写一部小说——除非是因为16岁就不幸早逝了。没有人一生只写几首小诗。没有人是从石头缝里蹦出来的。没有人会完全没有同行。没有人的作品会毫无影响。权威正典中到处可见女艺术家提前谢幕的蛛丝马迹。

——[美]乔安娜·拉斯(著有《如何抑止女性写作》)

总序

中国法律史，顾名思义，探讨的是中国法律的历史或中国历史中的法律。作为一门法律与历史的交叉学科，它不仅在法学界毫无悬念地处于鄙视链底端，而且在历史学界也不大招人待见。就法学这门实用性极强的学科来说，随着近代大规模的"西法东渐"与法律移植，中国现代法律体系与中国传统法之间已经很难建立起直接联系。一位律师即便完全不知《唐律疏议》为何物，也丝毫不影响他在法庭上纵横捭阖。这样看来，那些"已为陈迹"的知识似乎归档历史学院方才合理。然而历史学界表示，我们要从人类过往的灿烂与荒凉中烛照出权力运作的根本逻辑、经济运行的基本规律、社会结构的组织形态和众多人物的身世浮沉，在很难算得上"法治社会"的古代中国，法律在国家建制中所起的作用大吗？有关法律史的叙事能够丰富人们对历史逻辑的理解吗？能够帮助人们认识自身吗？如果它不具有根本性意义，被边缘化似乎就是无可逃避的宿命。

但是，纵然承受着来自各界的诸多冷眼，我们依然认为，让中国法律史这一冷门领域走进大众视野是有意义的。我们是否可以对法律做一个稍微扩大化的理解，即将之视为一种规则之治？写在纸面上的法条、停留在过去的制度，仅仅是规则之治的外部表现形式；而真正撑起规则之治的，是人们对何为"应当"的最低限度的共识、实现"应当"的基本方式，以及规则同社会结构、社会观念的相互塑造作用。那么，在这样一个围绕规则所形成的系统当中，我们可以透过任何一条历史的缝隙看见法律的存在，并借由这一路径，进一步思索何为中国、何为法律。

编写出版这套"趣味法律史"丛书，便是希望能将中国法律史的深刻内涵以一种生动活泼且易于理解的方式呈现给广大读者。丛书作者皆为在高校任教的专业法律史学者，大家不满足于在书斋中一味创作那些艰深晦涩、阅读量难超两位数的学术论文，本着"不想当作家的法律史研究者不是合格的文艺青年"的共同目标聚集在一起，根据各自的研究领域和兴趣，从不同层面切入对中国法律史的探索。有的著作侧重于借助文学作品或影视剧作品建立起法律史与文化的连接，有的著作则对某一法律主题或文化现象进行深度剖析，我们还计划在未来加入古代案例分析的内容，让更多人能够了解并体会中国法律史的独特魅力。

在这套丛书的写作过程中，我们的语言文字是轻松随性的，但态度是严谨认真的。面对很多人对中国古代法律抱有的猎奇心态和网络上真假参半的各类传言，我们也希望通过"趣味法律史"丛书，澄清部分对中国传统法的误解，让读者看到法律史的真实面貌。

衷心期待这次全新的尝试能够打破学术与大众之间的壁垒，让法律史不再是大众眼中奇怪的陌生学问，而是与人们对规则的认知血脉相连的文化基因。我们诚挚地邀请您与我们一道，共同踏上这段奇特的法律史之旅。

景风华

2024年暮秋

导言

缇萦无下落，木兰不知名。

这两句，是笔者写作本书时常有的慨叹，也是激发我写下去的动力。2019年春夏学期，课表上照例给我排了法律史课。这门课的特殊之处在于，这既是一门必修课，又有点像通识课，因为来听课的都是修法学"第二学位"的本科生，也就是说他们原本学的是理工、商科乃至艺术类。因为照例要讲到"汉初刑法改革"知识点，备课中我突然想到："大历史"相对有着明确的结果和脉络，如"旧五刑"逐渐被"新五刑"取代，"剁手剁脚"等残酷肉刑逐渐得以克制乃至被废，这些都可以算是"文景之治"和"汉代法制"的亮点；但视线放到触发改革的"缇萦上书"里的小缇萦本人身上呢，似乎没有那么明确的结局。但为父求情之外，她总归有点自己的生活吧，我能不能多给学生讲点她更具体、更生活化的东西呢？

如果说法律史事件只给到特征、功能、评价、意义，关键人物只给了姓名、头衔、成就、褒贬……无论讲过多少遍，这些都只是课堂和试卷上的"知识点",面对某个人的遭遇,学生们不会觉得"这也可能是我""我也可能在这",他们多半会觉得"学这与我何干",期末会呼吁老师给知识点画范围。我其实不太想这样,就算限于课时、内容含量,至少也不太想把法史教材里难得一见的非帝王将相的小缇萦讲成这样。一位十来岁干大事的小姑娘,身份普通、开局不利、审时度势、通情达理、委婉迂回、寻求公正——她追随的,无疑是她心中某种比成文法更深邃、更广阔的公正。不仗势欺人,能顺势而为,她的身上不正寄托着某种法律人的理想?如果说,能原原本本讲出她的人生故事,尤其是当史料的丰富配得上她的美名,生活的精彩配得上她的冒险,不就能够光明正大地"劝人学法",让面对历朝历代知识点昏昏欲睡的学生眼睛发光地感叹"人还能这么活""法律史原来这么有趣刺激"?!

抱着这样的"想当然",我设法找了关于她命运的更多信息,但落空了。对于"少女缇萦后来呢"这样的追问,我发现自己竟然几乎无话可说。而我的无话可说,如前所述,并不是不想说,而是找到的材料,跟预期相比或多或少存在偏差,导致我没办法像预想中一样,眉飞色舞地展开来说。其实我也预想过,结局不那么理想的故事,也许只能唉声叹气、忍气吞声地说——但实际上连这样的机会都没有。小小缇萦,功成身隐,下落无人问。而这竟也不是特例,像某种魔咒——以为该有的,偏偏找不到;以为熟悉的,往往很陌生——救父的"木兰"如果确有其人,人们如何称呼她?在诸多不同版本的故事里，明代以后她才有了姓名——姓"花"、名"木兰"。以花的意象，来映照从军从征的形象，这是创作者的审美，但未必能对应真实的她。

"无话可说"之后，我寻找原因。在隐身的缇萦和无名的木兰之外，我看到了更多"再世缇萦""本朝木兰"。故事越找越多，问题与日俱增。本书的结构就是在这样"事与愿违"的"废墟"上逐渐生长起来的。

书中每个章节都有相对固定的主题，除后记外，共有沉默、法政、真假、本事和归宿五章。虽然"朝代+人物"的写法不难填满一本书，但这种像教材一般把"知识点"在时序、类型上罗列得清清楚楚的写法，我最终还是放弃了。传统叙事赋予缇萦和木兰的那些"头衔"，本应是思考的开始，而非探索的结束，如果依次从先秦、秦汉说到明清，读者充其量只了解到有缇萦与木兰等人在做相似的事，结果时而成功，时而失败；但她们各自的困境与行动的艰辛，以及她们前赴后继、有成有败的现象背后的复杂问题，在列举中往往被淡化了。

所以，本书要讲故事，只有在从历史长河中打捞出来的尽可能完整的故事里，才有我们真正关心的人和问题。本书如同一个展示多部女性悲喜剧的"展览馆"，而专题式的结构安排，相当于为参观这个展览馆的读者制作了一张独家路线图，构成了深入解读各个故事的方案之一。您可据此畅游，也可随意参观，更可在按图索骥之后，按自己的方式，多次游览。

第一章是"沉默"，因为在很多历史故事里，"沉默"是颠扑不破的底色。明明行动者是故事的主人公，但她们的所思所想，她们的来路与去向，并未构成叙事者关注的核心。她们往往被用来引出美德共性，以供教化，而那些个性与人性，往往被无限淡化。倘若我们看到的故事，注定是不完整的，那么察觉到沉默，并努力去追问，即便得不到全部的、确定的答案，但问的过程，就是更多看见，就是对沉默的挑战。

"法政"是第二章，给追问、勾勒人物命运提供框架和背景。在以缇萦、木兰等为主角的故事中，人物命运等内容往往不会明确铺陈，或只在关联结局成败时被提起。但这是人物从生到死等各个环节的基础。"天太大了，人太小了"，故事中不能、不便细讲的，我们单独放到这一章里说。

第三章写到"真假"。如果说分析事件或案件的大走向，要结合法政与时势，那么观察救父故事的风格与类型时，在古人的述说与沉默之间，耐人寻味的还有更多。在单一美德价值的掩映下，为实现正当目标而用到的修饰、伪装等手段，甚至在于目标本身，虚实与是非都有待更多讨论。在传统叙事的求真、求善与求美之间，可能存在着缝隙。本章的小专题，就是游走于这些缝隙与边缘，对奇女子大冒险中未曾想或未敢多想，记事者也没多想、细想的东西，再来较一较真。

"本事"是第四章。所谓"机会总是留给有准备的人"，在缇萦和木兰等人的困境面前，公平正义都不是等来的（就算是"天降"，也是她们先争取了）。而这些准备和争取中体现出来的素质，有的是诸如文才与武略、智谋与胆识等"成大事者"

不可或缺的，有的则是"节"与"孝"这种单一性别、身份立场所专属的。救父的能力，也因此成了双刃剑：成就美名的，可能是行动者坚定的选择，可能也是被粉饰过的无谓牺牲。

"归宿"是第五章。无论她们在史籍中有没有明确的姓名和她们的故事有没有完整的记载，无论她们的命运如何在变局中漂泊，可以确定的是她们作为人是完整的——完整的人生历程无法被化约和复制。带着前几章的疑问和线索，我找到一个更近的典型故事——这位奇女子身上，既有前辈的感召，也有某种新希望。

以上各章之间，也可以打乱，因互有重叠。

打乱，像是展演相似的戏剧，也像穿梭于时间中的旅行。我们能在"真假"与"归宿"等章节中，察觉到有意无意的"剪裁"，"顾左右而言他"等深深浅浅的沉默。"法政"与"本事"二章，在同一个故事中，或隐或显，同样关键。即便叙事者只突出一面，但只要来回看，就能理解缇萦与很多"再世缇萦"之所以命运不同，未必只因为个人能力上的差距。

重叠在于，比如我们熟悉的木兰，无非是女扮男装、代父从军、能征善战、功成身退的情节，而从出身与性别、手段与目标等方面继续追索，就会发现更多让熟悉的事物变陌生的问题。历史上的奇女子，在被称颂的美名下、在高尚的目的下，也可能会"选择性论证"、"策略性扯谎"、以自欺换欺人，或是徘徊在公义与私情间，纠结在孝与贞的冲突里……成功的救父者，未必不说谎；兼具勇谋的少年，未必不盲从。

本书章节设计是拼图式的，分开来各有一片风景，合起来构成整幅画卷。除"沉默"这个必要的引子之外，后四章先拼哪一块，其实问题不大。"法政""真假""本事"与"归宿"四章在书中这般呈现，是因为选择了从边缘和外围向内观的顺序。先看大环境和灰色地带，再看各人的本事和去向。这是考虑到多数人都熟悉缇萦上书、木兰从军等女性"勇敢出奇迹"的故事，而且不少外部因素也都能决定或影响救父行动之成败。这本小书虽是一节一节"垒"出来的，但故事中主人公们的人生，是一个个整体。所以也推荐在一番解析之后，跨越小专题、综合多角度来看。

书名中的"法律史"和"悲喜"，最终都要透过规则、角色、身份、得失，回到人本身。这既是某些奇女子的故事，也关乎所有女性；既是女性的舞台，也关乎所有人。

理想中的读者，是"同行"，这是从两个维度上而言的：一是和我所受专业训练、知识背景相近的人，比如法科生和历史爱好者，记忆中一定是少不了"缇萦救父"和"木兰从军"的，但记忆中的形象还可以通过扩展"法政"与"本事"等背景，解构和重构；二是就算来自不同专业，持有不同见解，只要我们都感受过"沉默"，思考过"真假"，辨析过源流并追寻过"归宿"，在书里书外一同探索，就是同路人。

如果您想沿着历史长河的先后顺序过一遍各个时期奇女子的救父旅途，可以在微信公众号"田田DR"的"herstory"标签下找到"少女缇萦"和"真假木兰"系列展开阅读。

目　录

一、沉默

故事的盲点之名字未详　3
故事的盲点之下落不明　16

二、法政

法官　29
皇恩　41
改革　57

三、真假

虚实 69

雌雄 77

是非 89

诚伪 101

四、本事

文才武略兼节孝 112

   识字 112

   善辩 132

   模仿 144

武力 154

贞节 166

取舍 177

盲从 190

   一可畏：帮着说谎 191

   二可畏：闷声送死 196

   三可畏：主动捐躯 199

   四可叹：被救者不贤 203

五、归宿

戏里戏外 *219*

人生成败 *230*

她自己说 *241*

参考文献 *258*

后记 *260*

一、沉默

这本小书会讲到很多故事，故事的中心是古代女性与她们的家庭，主题是她们拯救亲人时遭遇的险境，尤其是那些无一例外的至暗时刻与昙花一现般的绝处逢生。

了解故事之前，请先跟我一起来看看她们的"沉默"。

与千篇一律的"孝"之主题相比，充斥救父一类故事的，其实还包括她们多样的沉默：历史上，救父故事里的她们，或隐姓埋名，或功成身死，相比她们动用以情动人、以命换命等"绝望招数"所甘冒的巨大风险，古人书写此类故事的惯常，是着重交代开头和结尾，对她们的历险过程，则以"倍速""快进"完成。

《沉默史：从文艺复兴到现在》（南京大学出版社2021年版）一书，在关于"沉默的习得与纪律"中讲道，在许多群体内部，沉默是权力的工具："拒绝听到和看见他人，阻止其留下踪迹，即将其判为一种虚无的形式。"史家对救父故事的扼要表述和其中的沉默部分，有时是源于可掌握的材料不足，有时则是记录者根本无意于此，像是一种"结构性的看不见"。无论如何，如今供我们思索的，不仅是救父者的美德，还有那些沉甸甸的缄默。

故事的盲点之名字未详

"名字里的沉默"——没有姓名记载，是救父故事中最多见的一类。

高高的祠堂建起来后，供奉的人物却没有姓名。这种反差，在表彰孝女的场合，并不少见。

唐代宝历年间，朝廷大肆冶银，在金谿（即金溪）也置了场。负责人长期努力也完不成指标，"岁久，银不足以充贡"，不但自己银铛入狱身受折磨，而且倾家荡产也补不上亏空。他的两个女儿抱头痛哭，哀叹不是父亲不尽心，实在是资源和产能有限，国家要求的额度根本不可能完成，认为父亲大概是救不了了："若罪不可赎，女生何为？"绝望中她们使出了最后一招——两个少女，活生生地跳进热腾腾的冶炼炉，尸骨无存。

绝招总算有用。对生者，父罪得脱，民害被除，因为刺史上报了此事，使朝廷收回成命，贡即停，后来者少受折磨；对后世，善政得以延续，"邑人世世赖之"，宋代在此置县，县名就叫"金豁"。元代本有郡守打算重启冶银计划,但念着金豁当地曾为此闹出人命惨剧,所以只能将此地的计划搁置。因此,元人刘杰写了《重建孝女祠记》并感叹,二女"其功大矣,祠之,于礼为宜"。

但相比肯定"非二女捐躯一死,其父之罪可释乎?后人之患可逃乎?"的大功绩,刘杰开篇应景点名夸赞的是王知县初上任即政平讼理并重建孝女祠(于县东之滓堆)的政绩,表明撰文刻石、长久保存的用意,接着便说"孝女二人,忘其姓氏"。这个"忘"字,意味深长。

不记姓名,无形中也给了众人更多想象的空间。宋代名将岳飞,相传有一幼女,其父被逮,女负银瓶投水死。人们为此女也修了祠堂,据元代杨维桢所记"祠在浙宪司之右",他的《银瓶女》诗,笔法与刘杰记唐代二女事迹相似:

> 生不赎父死,不如无生。千尺水,一尺瓶,瓶中之水精卫鸣。

杭州人建张烈文侯祠供奉张宪,觉得张宪该娶岳飞的小女儿,便塑银瓶像以配之。清代的俞樾善考据,他对银瓶女的身世和下落做了彻头彻尾的考证,观点是其事应有,但把岳飞幼女和张宪"拉郎配"的民俗,在守礼的儒士心里过不去。俞樾的《曲园杂纂》中有一篇《银瓶征》,细细考辨了此事。

岳家有无此女？俞樾持肯定态度。他认为，一方面，《岳忠武行实》出自岳珂，应该可信，但其中所列出的岳飞的儿女们都有明确的名字或排行，"独无所谓银瓶者"。难怪人们心生疑惑：幼女殉孝也该算得上突出事迹了吧，但岳家平反后，为何没有表彰？"岂不经御旨追赠？"另一方面，俞樾又找到宋人周密《癸辛杂识》关于岳飞庙中"并祀银瓶娘子"的记载，推断银瓶姑娘的身份，至迟在岳飞死后百年已经得到了承认。

然而，就算殉父之女确实存在，但结合宋、元方志可推断，"宋时已祀王女而女不名"，也就是说，此女死后，名字并未随事迹一道流传。她非但名字不载于史册，甚至还被后人安排上了不同的名字。前人修《汤阴县志》，作《岳氏家谱》，直接说岳飞的幼女叫作"孝娥"。俞樾相当不以为然：她的精神可称为孝，不代表她的名字就得这么叫。

当然，俞樾更不满意的，是后人把此女叫作"银瓶小姐"，因为这至为不典，恐怕玷污了岳飞幼女的清白名声。对此他认同赵翼的看法——"宋时闺阁女称小娘子，而小姐乃贱者之称"，比如宫婢称小姐、妓女称小姐。因此岳飞的女儿一定不能被叫成"小姐"。俞樾又依据宋代无论官妓、家妓必有簿籍载之这一点，推断"小姐"其实是从妓女的雅称"小籍"转来的，还曾因近人记载中的"银瓶小姐"，差点儿把为岳飞而死的女子认作岳飞家妓而非岳飞女儿，直到得知元明以前的记载中她都叫"银瓶娘子"，他才放下心来。

俞樾还列举了人们如何围绕"银瓶"做文章，展开对无名孝女的想象。有人说，岳飞夫人梦中抱银瓶而生女，女因此得名，正应了《易》的井卦，说明她出生时便有凶兆。又有人说银瓶是岳飞送给幼女的礼物，父亲下狱后，她曾设法搭救，无奈希望破灭，才抱着父亲送的银瓶投井，年仅十三。这些孤证，俞樾找寻来，丰富了故事的可能性，毕竟最初的记载只有岳飞死后其幼女抱银瓶投井自尽而已。

岳家幼女是否婚配？俞樾前面一番辨析和罗列，把故事的要点放在"幼女死孝"上，于是传闻不攻自破。岳家银瓶女还小，张宪则早已是岳飞爱将，二人"年齿悬殊，岂可以为配乎"？硬要"以数百年后，强为作合"，把未婚而死的孝女安排到将领张宪的身旁，不妥。

岳孝娥抑或张岳氏，银瓶娘子或是银瓶小姐……围绕这位勇于赴死的少女的身世与故事，前面俞樾考证中所引述的传记、方志、笔记与传闻，以及办得有声有色的祠堂，足以显示出古人评判孝女时的一些规律：从"生不赎父死，不如无生"，到"岂可以为配"，与其说关心她们的安危，不如说更在意她们的无私贡献和清白节操。孝女不能失名节，士大夫的标准一贯高，反观民间搞供奉、拉郎配、看热闹，让忠臣做了岳飞女婿，给小姑娘许个好人家，在以身殉国或殉父的悲剧中也要努力搞一搞"大团圆"，哪个更贴近事实？哪个更理想？她的生活该由谁来讲述？这些故事中的理想状态又是谁的理想？

一、沉默

按理说，本书的主角缇萦（汉）与木兰（相传为南北朝），早该出现在金豀二孝女（唐）与岳家银瓶女（宋）之前。之所以开篇数页仍未写到她俩，不仅因为她俩在后文中"戏份"更重，而且因为她们其实与所有救父者共命运。无论是因更广为人知而被浓墨重彩书写，还是影响仅及于一时一地；无论是年少赴死，还是下落不明，她们的人生故事都被"剪裁"和演绎过，在被塑造出美名的同时也被遗漏了个性。

最初我关注的，是缇萦、木兰等人的救父谋略和冒险精神，但追问下去，发现故事里并不只有谋略和冒险，在这之外，她们背负着更多，同时也失去了更多：少数取得成功和荣耀，更多的是挣扎与内耗，无数失败与绝望都由她们自己承担。他人多强调局部，我更想看到整体。而当我试图看到她们整个人生、看清她们每个人时，名字的模糊与事迹的漫漶构成了重重障碍。前面细辨银瓶娘子（仍然不确定该怎样叫她）青史不留名乃至流俗乱编造的例子，正是名字"沉默"引发的乱象，同时也是面对关键历史信息缺失时如何"解谜"的一把钥匙，若善加解读，也许能比那些按照"孝道模板"组织材料撰写出来的模范故事，透露出更多的东西。

察觉到"空白"和"乱象"的存在，有助于更好地追问——而只有把问题问对了、问清了，对每个时期都有的"救父"故事，才不会仅看作"孝女"主旋律的重复，而能更清晰地呈现出故事细节和人物个性，看到更多故事里的她们。

岳武穆鼎鼎大名，其幼女"慷慨赴死"是非凡之举，但这样的名门之女，名字也早已"失传"。我因此猜测，如果是真"小姐"（妓女），更难得留名。果然，陈岩肖《庚溪诗话》中有一个宋代官员康执权"戏为一绝"的故事，他作诗是应了一位意图救父的妓女的请求，而这个妓女自然也没有留名。

这个故事展现了士大夫之间的默契，也留下了一首七绝。故事大概是这样的：永嘉有个姓山的官妓，某日她父亲山某不知何事被抓，"以事系县中，当坐罪"，山女士哭着求遍了与她往来的士大夫，其中康执权从前就因为山女士"颇慧丽"而常找她陪酒，这次便伸出援手，作诗一首，给她支招。山女士依言，第二天到县里投状说要代父受刑，状里还带上了康执权的诗。知县一看，"笑而释之"。

士大夫们的"戏"与"笑"，正好与山女士的"泣"与"乞"形成反差。举手之劳的诗，也确实举重若轻：

> 昔日缇萦亦如许，尽道生男不如女。
> 河阳满县皆春风，忍使梨花偏带雨。

这是将山女士的请求升华到与典故中缇萦救父一样的高度，也是一口气送了知县两顶"高帽"：春风化雨、崇尚教化的父母官，怜香惜玉、成人之美的君子。如此便艺术性地化解了山女士的麻烦。果然文人和官员才是记事中的主角。山女士的努力，只有被比附于孝女典故，依附于才子佳话，才有了被记下来的意义。至多，因为她的官妓身份，诗话中多描绘了一笔她的慧丽与柔弱，使她多了一些救父的筹码。

跟宋人帮着山女士说话的策略一般，元朝儒者的《银瓶女》，也要通过提及汉时的缇萦之名，来与宋代少女的孝相呼应："嗟我银瓶为我父，缇萦生不赎父死，不如无生。"其实汉唐以降，几乎每个救父故事都会提到缇萦，如果有女扮男装情节，还会拉上木兰。在众多被遗忘的名字中，在大量模糊的面目里，缇萦之名被一再提及，拨动着主旋律。这既衬托出缇萦的典型性，又暗示着记事者的图省事与当事人的"沉默"。所谓图省事，就是把诸多事件定性为"救父"，围绕着行动者如何"孝"来组织材料、叙述过程和结果，有意无意使之契合"缇萦救父"等孝之典型，有无名字，细节如何，都无甚干系。千篇一律的劝孝范本，凭空略去了主人公的生活细节，以至于古老的故事变成了空壳，改个名字，可以一说再说。

"借壳"劝孝，比如盐贩之女救父的故事，我读到过两次。两个故事间隔一千年。

第一次，是唐代皮日休写的《赵女传》。赵氏女，她父亲赵某贩盐，"出其息不纳"，貌似是偷税漏税，私吞了本应上交官府的利益，因而被捉拿，"法当死"，看来是侵吞数额不少。其罪本无可辩驳，但赵氏女求见盐铁官，侃侃而谈，声泪俱下，唤起官员同情。她说自己七岁丧母，父亲私盗官利才将她抚养成人，父亲有罪她也有罪，不知官员可否对赚钱养家的赵某网开一面："官能原乎？原之不能，请随坐之。"这是豁出去了来自投罗网，把贫苦和隐私当成撬动国法天平的砝码：要么给她父亲减刑，要么把她一起抓了。此案的法官，皮日休特意给出了姓名，是出自世家大族的清河崔据，崔大人"义之，因为减死论"，竟真的找到个由头把赵某的死罪给免了。赵女士感动大哭，无以为报，只能以身相报——她说自己"前则父所育，今则官所赐，愿去发学释氏以报官德"。为了表示削发为尼为长官祈福的决心，她也当即行动，从怀中掏出事先带来的利刃，飞快地割下耳朵，"以盟必然"，即甘愿毁容表示言而有信。果然，她父亲活罪难逃受了刑，她小心伺候父亲康复，之后便出家为尼去了。《南部新书》中给出了详细的事发时间和赵某身份"咸通六年，沧州院吏赵鳞犯死罪"，而赵氏女的准确名字，也还是没有给出。

皮日休的立意，是特别赞誉孝女的诚信，以讽刺背信弃义之辈。故事流传到民国，如《苦榴花馆杂记》的作者，又回归了劝孝的本旨：既然汉代有缇萦之孝，千古重之，而唐代有愿随父死的赵氏女，偏偏史册不书，便不是励俗之道。

赵氏女不入《列女传》，似乎问题不大，因为后人依旧能"借鉴"。《清稗类钞·孝友类》中收录东台李氏女的故事，明显像是"老戏新拍"。故事里说，李姑娘的父亲贩盐，逃税，下狱,等死。她也像前人一样求见运使长官,也是七岁丧母,也说出一样的话:"官能原乎?原之不能,请随坐之。"获得了同样的免死结果,也同样对自己下狠手,区别只是她"断一指以示决心,血淋漓,见者皆惊"。不过在对犯罪者的处罚上,后一版本倒是给出了与前作不同的大结局,"运使益义之,竟救其父"。好个长官,难道把死罪改成了无罪?倒是因此省了李氏女如赵氏女一般照顾受刑父亲的部分,直接快进到了披剃为尼。没错,劝孝励俗的故事,唐朝赵氏女、清朝李氏女两位如出一辙,同样不变的是她俩都付出了惨重的代价,也都没有留下名字。

这样看来,有名有姓又能全身而退的淳于缇萦,确实是特别的。也许有人会问:木兰不也是吗?首先,从故事的角度,木兰救父确实彰显了孝道,女扮男装代父出征的过程又是别样的"精彩刺激",但《木兰辞》毕竟是作者成谜、时代有疑的文学创作。其次,"木兰"很难说是名还是姓,"花木兰"一名更是明代以后的创造了。第三章"真假"中还会讲到"木兰无名",其中映衬着古人书写孝女故事时的有意剪裁或无意疏漏,体现着千百年间几乎专属于孝女们的一种沉默。

为何说"姓名的沉默"几乎是孝女专属?因为能拥有"救父"之外其他可载入史册的事迹,甚至因自身成就与名望而与"再世缇萦"等标签相提并论的,几乎都是男子,他们当然有更大可能被记下全名。比如乌台诗案中,苏辙曾上书想要搭救兄长,也援引了缇萦救父的典故,但后世对此赞颂的是苏辙和苏轼之间独特而浓烈的兄弟情,"缇萦"只退回到单纯的用典。又如,为人子者,可能因救父而得一官做,典型之一是《明史·孝义传》中的周琬,他在洪武年间的恐怖政治氛围中帮助父亲存活。其父为滁州牧,被判死罪,十六岁的周琬叩阍请求代父去死,多疑的朱元璋怕这少年背后有人支招,就用严刑恐吓。周琬面不改色,皇帝啧啧称奇,就打算因这难得的孝子而宽宥其父,免了死罪,改成戍边。周琬竟然还敢讲条件"戍与斩,均死",认为父亲要是戍边而死,自己也活不下去,仍"愿就死以赎父戍"。皇帝又警惕了,假意"成全"周琬赴死的决心,下令把他当即绑去刑场,当众问斩。周琬不但面无惧色,还显得喜气洋洋,仿佛在庆祝心愿达成。皇帝这才算放心,"察其诚,即赦之"。现在看,周琬是心理素质过硬,临危不乱,灵活应变,方才把握了时机,而皇帝当时一定觉得这才是诚心诚意愿意为父亲而死的大孝子,连带着也赦免了能养出孝子来的滁州牧。故事接下来的发展,便是我在所有孝女救父故事中未曾看见过的了:御赐屏风"孝子周琬"。查《明实录》,永乐年间的官场变动里,还能见到"兵科给事中周琬"的痕迹,那么,无论他是走"正途"还是凭借孝行得官,他的社会身份都已不仅仅是"孝子周琬"了。

当然,与这种沉默的历史书写进行的对抗,也并非不存在。一定有人经过一番检索(至少从我个人的经验讲,不假思索能想到的青史留名的救父女性，除了缇萦，不算木兰，一下子不容易找到备选）后会举出一些例子：黄善聪、李玉英、蔡蕙、施寅、张澹娘（她们的故事在后文中都会提到）……但一方面，这些反例大多是距今更近、材料留存更丰富的明清时人；另一方面，单有这几个名字就够了么？绝对不够，因为她们整体上都是不被看见的。

"名人"也无名，这是个事实，更是个试金石。为何这其中如此多的人无名？倘若要以古人称女性只唤其父姓或夫姓，因而多半不留名为由，来迅速终结追问，不免有些敷衍我们认真提出的问题，更对不起那些历经艰难险阻、功绩激励后世的无名者。

努力求解的过程，也是对抗成见的过程。

唐代有位留名的少女——年仅7岁就被害的高妹妹。她"姓高，'妹妹'，名也"。虽然没有救父，但她同样有临危不乱的决断力和舍生赴死的勇气。烽烟起，她父亲高彦昭站在朝廷一边，留在家里的她和母亲、兄长一起被愤怒的叛军当成人质，惨遭报复杀戮。临刑前她母亲高李氏想为幼女求一条生路，请求能否免高妹妹一死——让小女孩去做官婢。本来凶残的报复者都已点头，高妹妹却不愿独活。更不寻常的是，她母亲、兄长受刑前，照例拜于四方，高妹妹却不然，理由是父亲是忠臣，她家是忠臣之家，现在家人要被杀，"四方神祇尚何知"！她只问明父亲所在之方是西，往西哭拜后，便死去了。

她最后是怎么被记住的呢？她被杀后，"明年，太常谥之曰愍"，其后，有识之士听闻此事大为感动，感到这是"赏一女而天下劝"的好事，应该让千家万户都知晓，于是有了李翱的"既悲而嘉之，于是作《高愍女碑》"。高妹妹的见识超越了常情，她的大局观、刚强与魄力，胜过年长者。但李翱谓"昔者曹娥思盱，自沉于江；狱吏呼囚，章女悲号；思喑其兄，作诗载驰；缇萦上书，乃除肉刑。彼四女者，或孝或智，或义或仁。噫！此愍女，厥生七年，天生其知，四女不伦"，宣称就算是从前的列女如缇萦等人，都不及高妹妹的德行。这实在是有些夸张，因为具体的生命体验与极端的情境都是独特的，本无法比较。但李翱"异哉愍女之行，而不家闻户知也"的话，也值得深思。广为流传的奇女子的事迹，如刘向《列女传》里收的那些，很多只以其身份相称：某家女、某人妻、某人母。她们的"知名度"，与名字完整与否并无必然关联。能否留下全名，倒像是出于偶然。但这正是问题的关键：是什么让书写她们故事的人不写下她们的全名呢？是找不到、不关心，还是兼而有之？在那些主角名字不详但情节明确呼应着缇萦、木兰等典型的故事中，作者和读者真正关心的是什么？"一个女人的姓氏毫无意义",是这样吗?[1]追问和求解难以穷尽,始于名字,但不限于名字。

这本书里,我努力找出了好些"缇萦"与"再世缇萦"、"木兰"与"木兰再世"的故事。总量难估的救父故事,主旋律一再重复,细节却各种缺失。可能找寻了一圈后,用上考据和想象力,在故事与故事之间找到关联,能补上一些空白;补上去的,可能也只不过是基于逻辑和情理而推断出来的情节,至于最独特的人名,它的散佚往往意味着主人公的失语与叙事的失焦,如抱银瓶而死的岳家姑娘,她的名字遗失在原初记载中,便再难找到。

就算找不到,我们也要知道"淳于缇萦们",本来都有姓名。

---

[1] 参见诗人待兔的诗作《亲爱的妈妈于不明年份曾患忧郁症》:"……我迟缓地察觉/一个女人的姓氏毫无意义,我们常被/冠以一种花、一种传统美德或一种天气/父母靠你取暖,丈夫靠你装饰/你渴望爱,而爱把你变成一件衣服……"

故事的盲点之下落不明

缇萦无下落，木兰不知名，两位孝女的命运，像是形成某种"绝配"。前面说了"木兰"不知是姓是名，而淳于缇萦虽有名有姓，但如果不是自始便受关注的话，她救父之后如何，早已不得而知。

我们所知的缇萦，是个被史册记录下来的孝女，但在此之前、在文字之外，她不可能只是个孝女。同理，后来的救父者们，被缇萦等典型激励而踏上险路，又纷至沓来地来到文人墨客笔下，女入《列女传》，男入《孝义传》，纷纷被打上"孝女孝子"的印记。这其间，失落的又何止名字，还有性命（如果救不成）或去向（万一救成了）。他们极少全身而退，事败自然粉身碎骨，事成往往因书写者的"任务完成"而"下落不明"。他们的一生简直像流星划过，燃烧生命只为救父这一高光时刻。而书写者更关心的，当然只是这些能彰显礼教纲常的高光，在他们笔下，救父者仿佛只为完成特定任务而活，这种"中心聚焦",反过来看,便是周边虚化。不信,你就去问:木兰(假如真有其人)真名叫什么?缇萦救父之后(如果还活着)过得好吗?除去被虚化、被省略的,唯有沉默。

历史上的救父者,功成身死者有之,功成身退者有之。提到后来去向的,大致分为两类:要么融入日常,要么脱离日常。功成身死恐怕是她们最激烈决绝也最感动史家的宿命——年轻而无辜的生命戛然而止,以此来最后回报生养者的恩情,书写者往往对此浓墨重彩大肆渲染。而救父的生还者,实现目标后"下落不明",也同样印证了这一点——救父者不惜一切代价,书写者也因此而无暇他顾,只关心救不救得成,不在乎救了后如何活下去,大家心照不宣地把人活成或写成了"孝"的符号。

木兰在历史上的下落,也并不明确。原版《木兰辞》结尾,只停留在她还乡和改妆。亲情、爱情双丰收的大团圆结局,其实是后人的戏剧性安排,甚至还有不能免俗的想象,说木兰因为不想进宫而选择自杀,极似小说家言,可谓极大地满足了好事者的猎奇心理。将真正的战士、将领所具有的特立独行、坚忍不拔与艰难求生,都消解在"总得嫁个人"的固定桥段里。与银瓶祠里的拉郎配,何其相似。

此类桥段所反映的,恐怕是民间延续千年的刻板印象。好比孝子若得皇帝青眼,那定然飞黄腾达、光耀门楣;孝女若是被当权者看上,从了,无非一入宫门深似海,不从,就只好以死明志。至于后者的"善终",不外乎回归女子的本分——风光大嫁,相夫教子,夫婿和儿子飞黄腾达、光耀门楣,就是标准的大团圆结局了。

放在当时的语境中,这没毛病。可奇怪的是,在有下落的孝女的生平中,我几乎没见过这样标准的大团圆结局。

处于故事中心的缇萦与木兰们,尚且如此沉默、带着谜团,分给其他相似境遇的"孝女"的新鲜笔墨,可能更少。她们各有各的姓名、家庭、境遇。在相似的目标与坚决意志之外,她们不同的行动轨迹、丰富的"救父"策略与曲折的命运走向,也值得我们用心观察。诸如"缇萦救父"和"木兰从军"之类的典型情节,如果不用近代以降的"英雌"式的个人成就标准去衡量,而放回历史语境中,很明显有一条关于"家"的脉络贯穿其中,交织着父慈子孝[1]、夫唱妇

---

[1] 试问被救者心情如何?当他获救,有惊无险、皆大欢喜,自不待言。但正如前所述,救人者除了当时全身而退、后来"不知下落"那些勉强可算作没消息的好消息,以及偶尔听说有孝子后来做了官,而对那些当时身死、过早夭折的少年,为人父者会作何想法?史料中极少能看到长辈的惋惜与哀痛,固然是礼不可破,但人不能无情。如果小儿女们自觉自愿的"一命换一命"的救父行动,能令"亲者痛",那么,临到党争等具体情境,孝子孝女的舍生赴死是否反倒成了能令"仇者快"的陷阱,即通过连累无辜少年来重创政敌本人及其家族?书写者更多记录的是孝女孝子们的心迹:父亲只有一个,而我死了,继承人还可以再生。这样的想法确实是无悖于"孝",但倘若父亲也持此想法,算不算"慈"呢?用无辜的"孝"的子女,换有罪且残忍之父母,值不值呢?

一、沉默

随[1]、兄友弟恭[2]等关系。在这些多维的关系中，救父故事往往被大篇幅削减。但其中的不少疑问，实在是不能不提。[3]

那么多的问题，那么少的回答。那么久的沉默，是否还要继续追问？

本章最后要说的这类沉默，出现在更大的舞台上，且相对独立于沉默者本人。

先看她们个人。救了人未必就是剧终，至少要把救人者的下落算上，事件才近乎完整，而前述救父事件几乎都不是什么大团圆结局。更何况，即便有下落甚至是好的下落，也不等于

---

1. 试问被救者的妻或救人者的母，在其中起了什么作用？正如子女救父，代代皆有，妻子救夫，也比比皆是。故事中为父、为夫求情者，大多或幼或弱，无依无靠，全凭一腔赤诚心意感天动地，求得法外开恩。有些故事里的救父者，如盐贩之女，打小就没了娘，跟父亲相依为命，恐怕也没别的兄弟，只好自己上阵。而有些人，比如缇萦，她还有四个姐姐，五姐妹的母亲也可能在世，当家里的男主人遭难，母女之间，谁是谁的主心骨？救夫还是救父的策略如何选取？当女儿出场救父时，幕后那位集妻、母身份于一身的女士，又是以怎样的心情在做决定和等待命运的宣判呢？

2. 试问一家兄弟姐妹中，为何有时是姐妹齐登场，有时是弟弟留下、姐姐出场，而更多情况，是如缇萦一般，让家里最小的女儿上场？传统语境中的"无子""无后"不能理解为无儿无女，像淳于意抱怨没儿子，其实缇萦是姐妹五个；"木兰无长兄"，却也未必没弟弟。这些"幕后"的兄弟姐妹，是否提供了一些支持？家中又是如何决定、由谁来决定谁到"台前"实施救父的？

3. 还要试问救人者本人，在事发之前、行动之时、成功之后（如果成功的话），都在想些什么？"蝼蚁尚且偷生"，但为何她们小小年纪，竟是这般老练、无畏、无怨也无悔？

19

前面的痛苦挣扎就没发生过。就算偶尔有所谓的成功，也不能认为这便是以喜剧收场。笔者曾以为，选择救父者，从一开始便走上了一条悲剧性的道路。能转危为安只是小概率事件。悲剧意味着救父的代价沉重。毕竟她们曾拼尽全力向命运发起挑战，她们本可以拥有更广阔的可能。

而这些更广阔的可能里必然包括更顺遂的人生。不必救父的女儿，会度过怎样的一生呢？从无惊无险、无忧无虑的角度看，是幸运；从未发挥潜能、未见更大世界的角度看，或许也有遗憾。如果可以，她们自己会怎样选？正如劝孝者笔下很少展现救父者的惊惧犹疑，而对贤妻良母的称颂中，也很少会提及她们是否另有抱负。或者说，书写者替她们选了。白居易的两篇诗文，正好对应于此：命运的不同走向，呼应沉默的多个层次。

一是《唐河南元府君夫人荥阳郑氏墓志铭》，开篇写明，"有唐元和元年九月十六日，故中散大夫尚书比部郎中舒王府长史河南元府君讳宽夫人荥阳县太君郑氏，年六十，寝疾殁于万年县靖安里私第"。此文是白居易为友人元稹之母而作，他认认真真罗列了一堆死者生平各种贤良淑德，还提供了一组神奇的对比：

> 昔漆室、缇萦之徒，烈女也，及为妇，则无闻。伯宗、梁鸿之妻，哲妇也，及为母，则无闻。文伯、孟氏之亲，贤母也，为女、为妇时，亦无闻。

一、沉默

相比之下,"今夫人女美如此,妇德又如此,母仪又如此,三者具美,可谓冠古今矣",这是和李翱夸高妹妹相似的写法。白居易在结尾也与李翱一样,升华到立楷模、美风俗的儒家教化目标:自己"与夫人幼子积为执友,故聆夫人美最熟。积泣血孤慕,哀动他人,托为撰述,书于墓石,斯古孝子显父母之志也。呜呼!斯文之作,岂直若是而已哉。亦欲百代之下,闻夫人之风,过夫人之墓者,使悍妻和,嚚母慈,不逊之女顺"。死者已矣,无论是寿终正寝,还是死于非命,美名的传播也是她们生命的延续,是对她们毕生努力的肯定。

对活着的人呢?会讲道理又会享乐的大诗人白居易,目光看向自家小闺女时,又是寻常的老父亲心理:

吾雏字阿罗,阿罗才七龄。嗟吾不才子,怜尔无弟兄。

抚养虽骄骎,性识颇聪明。学母画眉样,效吾咏诗声。

我齿今欲堕,汝齿昨始生。我头发尽落,汝顶髻初成。

老幼不相待,父衰汝孩婴。缅想古人心,慈爱亦不轻。

蔡邕念文姬,于公叹缇萦。敢求得汝力,但未忘父情。

将来事未可知，眼前人正可爱，将心比心，"蔡邕念文姬，于公叹缇萦"，女儿懂事，父辈慈爱，在爱里长大的孩子，才会懂得回馈爱吧。慈父白居易又说道，"敢求得汝力，但未忘父情"。在老父亲这一边，诗成这一刻，七岁女孩白阿罗的可爱之处无非"学母画眉样，效吾咏诗声"，不必承担舍生取义之美名，毫无疑问也是被小心呵护的。而作为被保护的对象和拼命保护别人的人，哪个更"求仁得仁"呢？

再看救父群体。从故事中元素的悲喜属性[1]来看，缇萦和木兰顾不得问、史家和信徒不敢问的，如今我都想试着问一问。

---

1. "相对于悲剧而言，喜剧是一种暂时的解放……对生命而言，喜剧可能是形式，悲哀才是内容……如果要抵抗生命的悲哀本质，喜剧是最具叛逆力量的"，但那些由悲天悯人者创造的、供人暂时回避漫长的悲哀的，仍"不能叫'喜剧'，恰当地说叫'喜感'，因为'剧'的完成牵涉过多人事，非我们能够自编自导自演；喜剧必须是一个完整的故事，一群人物在一段时间里相互摩擦出复杂情节，最后完成令每个人都大致满意的结局。如此简单的定义，如此困难的工程"。这是简媜的散文集《微晕的树林》里收入的一篇谈喜剧的随笔，她先区分"剧"的悲与喜，又巧妙区分了人生舞台上难得完整的"喜剧"与俯拾即是的"喜感"。她把喜剧比作"黑夜一般的人生旷野上，突然飞出的一只萤火虫。它天真地认为，靠尾巴的小火可以把黑夜烧焚了"，"一只萤火虫当然不可能把黑夜烧光"，这是悲剧的底色，而"有一只萤火虫认为黑夜是被它烧焦的"则是喜剧、喜感存在的意义。也许，从方生方死的角度，微光划破暗夜便是喜剧；而对观察者而言，萤火虫与水草密林和深夜星火，都是悲喜剧的组成部分。关注背景和幕后，去叩问和推敲，并不是否定"喜剧"的可能性，相反，也许会让剧情更完整、"喜感"更隽永。

首先，救父行动中的主角，各有几分信心？成功范例如缇萦，通过上书文帝获得皇帝垂怜，肉刑弊政得以改革，孝女故事被史书记了一笔。但这一连串事件中，小姑娘能决定的，也许只有出不出场。至于上书后皇帝看不看，皇帝看后感不感动，感动之后行不行动，行动之后谁响应等，都不是她能决定的。缇萦在"救父"中是主角，"刑制改革"中，她全家都只是"小水花"。后来的那些救父者，也一样没有万全把握。无辜少女少男的眼泪、乞求和性命，无非是强调以人伦亲情而换得一个"法外开恩"的机会。但开不开恩，决定权在皇帝或官员手里。而影响他们决策的因素，恐怕不只是孝女孝子的诚意或柔情。皇帝为何会法外开恩？是在什么局势下这样做的？救父成功是"托了什么福"？失败是否才是常态？围绕这些问题，其实掌权者有多重视"孝"的砝码，有多愿意为此而倾斜"法"的天平，才是决定一人、一家悲喜的关键。这些，讲述救父佳话、称颂孝女孝子的人，多半不会说。

其次，法律事是专业事，判决的得出，离不开"治人"，也少不了"治法"，试问遭了难、要人救的父，究竟犯了什么罪？是有心还是无意？是有罪还是有冤？该不该宽宥？这些也是评析救父故事的意义时，不可不问的又一类关键问题。讲故事的古人几乎"一边倒"地劝孝，要么给被救者找些值得同情的理由，要么直接一笔带过其如何犯事、因何获罪，比如现代扩写缇萦救父故事的名家，一定要把淳于意写成耿直善良遭人陷害,背后的原因值得细究。又如盐贩之女在古人笔下被说成令士大夫当反省自愧的坚守"信"的榜样,可如果我们记得"律令乃天下之大信"的话,她父亲长年侵吞国家利益来养家糊口,明显是故犯和累犯,那么官员应孝女一人的请求,豁免的是侵吞国有资产罪,这是否是对国家律法的"信"的违背呢?

正如前文所说应当探究救父者、被救者及局内人的思想与处境,跟案件有利害关系的人如何维护"孝"而"法外开恩",同样耐人寻味。倘若被救者的故意犯罪不仅停留在贪图钱财层面,还意图谋害人命,甚至已经要了人命,加害者的子女要求情、代父受刑,被害"苦主"一方岂无子女?岂能甘心?于理于法说不过去的"不可救"之罪,偏有人自发或是被迫地求情、求救。这种异态,也同样是诸多救父故事的组成部分,更构成了法制天平的干扰因素。试想同类罪犯中,有人因幼女或幼子来求情而得到减免,有人却只能毫无商量地受罚,"孝"是何等强大的"灵符";而当犯法者本人不悔改,因子女求情而获益后还敢再犯,即便作出决定的是皇帝,这"灵符"又将如何反噬决策者?古人倒可能被"孝感动天"的光芒迷了眼,封了口,如今却不然,无论从法律专业的角度,还是从"合情合理又合法"的理想角度,值得救的和不值得救的,还是得分一分。"如何救"与"因何救",都不能不问。

一句话,她们愿意拼命是一回事,拼了命有没有用,是另一回事。

"请以种种真实之名呼唤我/我才能同时听见我所有的哭泣与欢笑/我才能看到我的喜悦与痛苦是一体。"(一行禅师)倘若那么多来路和名字被抹去、去路被略去、苦处被略去的救父者,她们的处境能被我们更多地看到,便真正能在历史现场中笑中带泪地鲜活起来了。

选择也好,处境也罢,都可以问。通过不断追问,真正看到她们。

二、法政

第二章分为法官、皇恩、改革三小节，涉及君与臣、人与法两对关系，法官代表是张释之，皇帝代表是汉文帝等，改革则是介绍了汉初的"除肉刑"。在"皇恩"的部分，还引入明太祖朱元璋等充当参照系，可见面对不同处事风格的皇帝，求情者仍是前赴后继。天威难测，一人功成万骨枯，一家功成千家哭，大抵如此。因此，这一章聚焦"法外如何开恩"，主要是从外部因素，看救父者何以成功。所以虽然还会提到汉代缇萦、唐代金骆两姐妹及明代周琬等，也会出现不少救父新面孔，但这些人在本章中，更多是听候王法和国法处理的对象，而非自身与家族命运的掌控者。再加上皇权与律法都极为复杂微妙，写作的时候总感觉沉重——但我也明白，实情一定比笔下所述的更沉重。

将"法政"这一章紧接在"沉默"这一章之后，可供大家深入了解缇萦等人的境遇，明晰西汉时期影响缇萦救父成功的因素及其相互作用，也便于把握其他朝代的情况。

如果想多了解主人公的勇敢冒险，倒也不妨先跳过本章，去看后面的"真假"和"本事"两章。不过最后请别忘了回来补上这一章的"拼图"，因为皇权、律令与执法，在救父故事中至关重要，即便作为读者尚能跳过，可是对缇萦等行动者而言，这些都是"拦路虎"，永远绕不开。

法官

载入史册的西汉大法官中,有别于酷吏,形象较为正面,甚至被后世赞誉为"皋陶之后一人而已"的是谁?反复读《汉书·刑法志》,或是年年回顾汉代法制的,大都会留意到汉文帝任用的廷尉张释之。

法律史备课有"套路",比如从缇萦上书引出肉刑改革,其中最耀眼的自然是缇萦本人,最得力的是孝文皇帝,核心的知识点是文景之治和刑制变迁。但近来我沿着自己的思路和兴趣,从不同角度琢磨缇萦的故事时,也有疑惑。比如纵观整个事件,固然最后是皇帝一锤定音,但在顺应人心的"特事特办"中是否也能探察到一些司法规律呢?淳于意既然被逮进京,如果走正常流程,接手这个案子的应该是谁?当时的法官是严格依法,还是笃信"王言即法"?即一切皇帝说了算,又或是有其他"小算盘"?阶下囚及其家人是否也能与朝中鼎鼎大名的重臣、名吏打交道?如果是,又遵循哪些交往原则?从中又可以发现两个问题。

其一，关于缇萦上书救父一事主审是否为张释之。《汉书·刑法志》里，先概括地讲文帝任用张释之用得好，接着话题一转开始列举典型事例，第一个事例便是文帝即位十三年后的缇萦上书救父之事。"孝文继位……惩恶亡秦之政，论议务在宽厚……风流笃厚，禁罔疏阔"，这是先定了调。大方向如此宽厚，大法官选得也相得益彰，"选张释之为廷尉，罪疑者予民，是以刑罚大省"。之后详细举例，文帝"即位十三年，齐太仓令淳于公有罪当刑……（缇萦）书奏天子，天子怜悲其意"，这是至高掌权者的态度，皇帝过问案件，仁德推及四方，遂下令曰："……其除肉刑，有以易之……有年而免。具为令。"命令出自人君，臣下自当服从，还得表达一番赞叹："丞相张苍、御史大夫冯敬奏言：'……陛下……盛德，臣等所不及也……'"当然，后续处理方式即便有问题，也会留给皇帝的接班人解决，"是后，外有轻刑之名，内实杀人"，于是景帝元年又下诏。不过淳于家的命运，早在文帝下令除肉刑之际，便淡出了史籍。此事件中，奉法者只提及丞相与御史大夫，没见跟廷尉有什么干系，更别说被怜悯的小缇萦了。

那么缇萦上书时，是否是能使"天下无冤"的张释之坐镇廷尉一职呢？如果是，为什么在除肉刑等大事中未明确看到他的参与，他的执法理念与文帝对淳于家刑徒、少女等的处置方案是否一致？如果不是，又是为何？

其二，关于张廷尉的生前事与身后名，对照史籍所记张廷尉的履历与言行，出于种种原因，这位名臣的声誉似乎被拔高了很多，升华了古代执法者的境界，但他的真实遭遇如何呢？据其传记，张释之的一生，似乎不算是一帆风顺、深受重用的一生。汉代不少法律世家，但张家似乎未见得在这一领域积累了多少资源，文帝、景帝的廷尉也未必非张释之莫属。他即便因个别案例或只言片语而被后世引为理想型执法者，但在当时也是挣扎求生，仕途起起伏伏。他的事迹和名声的传播，某种程度上与缇萦有相似之处——都仰赖"好皇帝"汉文帝。只是作为知名的执法者，相比商鞅、张汤等，他在"生前事"与"身后名"方面，多少还是体面些。这两个问题我们一一来说。

第一个问题，读史善疑的宋人早就问了。洪迈在《容斋续笔》里，指摘班固《汉书》里的百官公卿任职时间"表"和具体人物经历不一定对得上，张释之的问题尤其严重。根据张释之传记，他是慢慢升上去的，而且一度"十年不得调"，晋升很艰难，后来他做了廷尉，在任上坚持到太子继位为景帝，才被换下来。但任职时间表中写，文帝即位才三年，张释之就当上了廷尉，过了几年廷尉一职又换了人，这与传记的信息严重矛盾。

这确实是个问题。从前我备课只是将张释之作为古代正派法官代表，只顾着撷取张廷尉的"高光时刻"，传递他执法不阿的正能量，顺带用案例引出皇权和司法的关系，却从未从他的生平作整体考量。正如我讲了三五年缇萦上书之后,才想起追问"少女缇萦后来去哪儿了"。结果,稍加考据,大开眼界。

洪迈的意思,似乎是根据表,怀疑传。因为《汉书》本传与《史记》所记等都相似,而表别有记载。传记详而表略,传、表至少有一个错。

李兵飞所作《张释之仕宦行迹考》根据"表"的疑点辨析诸家之说,尤其是根据《张释之传》中的时间来理清他的任官轨迹,认定梁王刘武几次入朝中,与太子出游且违规一事,应发生在文帝前元十四年(前166);再结合张释之敢于弹劾太子、梁王后"真正为文帝看重",遂一路升迁至廷尉,推出符合前文所述张释之蹉跎十年不得重用的为官经历。[1]

到文帝前元十年(前170),他还是小小骑郎,交了钱,上了岗,却看不见前途。想打退堂鼓时,袁盎给他创造机会,推荐他为谒者——应该能多见到皇帝。传记中写了他与皇帝的出色对答,后升为谒者仆射。前元十一年(前169),他因劝谏文帝被提为公车令。到前元十四年,他因弹劾太子与梁王,被提拔为中大夫,不久,又升为中郎将。到文帝后元三年(前161),他才坐上廷尉之位。至景帝元年(前156),他从廷尉任上被贬为淮南相。

---

1. 李兵飞:《张释之仕宦行迹考》,载于《内江师范学院学报》2019年第11期。

二、法政

梳理上述时间线的要点是,"张释之声名卓著的廷尉任期实仅四年有余"。"四年廷尉"之说简洁明快,解释力强,与其他材料相互呼应、记载属实,错的只是《汉书》中的表。四年任期可以说是不长不短,张廷尉的功绩主要在以点带面,树立少量典型,淳化司法风气上,还能从中反映出特定帝王的宽宏大量与远见卓识。比如有学者认为,相比武帝时的酷吏杜周,张释之才代表执法观念的主流。[1] 张廷尉存在的意义,像展示汉初统治者宽大开明和司法清明的"吉祥物"。

"四年廷尉"一说,耐人寻味。一方面,汉文帝即位之初博得好名声的一系列改革,尤其是缇萦上书引发的刑制改革,张释之因没当上廷尉,也就没参与。另一方面,学界所关注的、为人所津津乐道的,往往是张释之如何"上位",但史传中有意无意隐去的,是张廷尉为何会"下台"。其实他的"上"与"下",可能与同一件事有关。这就有必要拉长来看张释之的生平,尤其关注他当官以后,特别是沉寂十年才开始获得文帝重视,也不能遗漏了景帝初年张廷尉的恐慌及其黯然调任后张家的没落的种种。这就转向了第二个问题——"四年廷尉"张释之的生前事与身后名,尤其是其间反差,折射出古代为官者尤其是执法者的困境。

先来看两个今人对张释之的介绍,都是在常见史料基础上

---

1. 孙家洲:《诏旨与国法》,载于《文史天地》2014年第9期。

的演绎。

《河南名人墓》（李新民著，大象出版社2018年版）一书里介绍了张释之就任廷尉前后的言论，展现了他在担任廷尉之前就多次进谏过，使得文帝日渐了解了他的才干和品德：他崇尚务实，不夸夸其谈，看问题能看到点子上，比如建议从薄葬来治本，消除盗墓之风。最关键的，还是他严守宫禁礼仪，对皇帝和中央政权忠心，连太子和梁王都敢弹劾。虽然太子和梁王被弹劾下来后，只是被"轻轻敲打"，但从文帝的角度看，有臣下如此，是很受用的。不过张释之的耿直始终如一，他也有"敲打"到皇帝头上的时候，因为做廷尉执法守正，曾与皇帝的重刑态度意见相左，文帝为此恼火过，好在忍住了处罚。

张释之的耿直，使其不像杜周那样有了后主的令就不顾前主的律，或是在前主和后主间跟着极权走。张廷尉的正面形象，也就因此而树立起来。但循吏酷吏，无非人臣，他为官的问题也出在这里，一朝天子一朝臣，张释之弹劾了太子，固然合了文帝的心意，但代价是"打了后主的脸"，相当于提前给自己"挖了坑"。

《楚风汉韵：南阳》（张富治主编，河南科学技术出版社2018年版）一书将张释之描绘为"西汉法学家"，着重介绍他任职廷尉的事迹，也就是他守法不阿的两个著名案子，以及他的后世美名。至于典型事迹外张释之的其他经历却不谈——这是很多历史普及类读物存在的弊病，也许这些书的作者觉得其他事不是重点；或者他们怕谈了张释之的下场，会让人觉得法乃帝王"与天下共"、廷尉要为天下守住法之"平"的宣言背后，代价太过沉重。但相比之下，张释之的遭遇算不上惨烈，即便新帝上台后翻旧账，他也只是被赶出京城，还给了个淮南王相的位置，最终死于任上。这样的结局比起做出"太子犯法，刑其师傅"决断而被车裂的商鞅，已经好了太多。按书中记载，为官十余年一直敢做敢言的张释之，虽然最后"由大胆硬汉变为胆小鬼"，但他的恐惧没有都"成真"——景帝还是留了他一条命，让他自己离京后因担忧而死去。

　　再说到"汉廷尉祠"，足可展现传统社会中这位汉初廷尉的历史地位。有本《张释之传》（王红璐、逯富太著，中国国际广播出版社2003年版）笔法十分通俗，内容相当大杂烩，虽是戏说，但作者还是下了些功夫，比如查了地方志，书后附上的材料和作者的心里话都很有意思。书的结尾是写张释之生命尽头，引了曾在河南任官的顾福造访廷尉祠时的诗作。尾联确实精彩：

　　　　当时酷吏俱尘土，独许廷评入史看。

　　祠堂中有不少楹联也是歌颂张释之的，多是从他的执法事迹如"犯跸罚金""偷环弃市"切入，抒发"片言能济孝文宽"的"平恕""法似春"和"无冤民"，有些甚至将其抬高到了

"中华法制君创始"的高度。其实"四年廷尉"只赶上文帝时代末尾，说"文景治绩公独多"恐怕都勉强，但谁叫后人想留个念想呢。

结合后人对张廷尉执法风格的评价，可以大胆推测，如果让他来处理缇萦上书后的淳于意案，"为民请命良相法似春"的他应该是不赞成法外加重的。但作为"执法允严法律面前无贵贱，存心平恕心秤星上不重轻"的法官，倘若出现刑罚过重，使刑徒不堪承受的情况，比如缇萦为父求情时所反映的那些，是依照当时的法令判案，支持恶法亦"当与天下共"呢，还是请求文帝改制或像丞相和御史大夫那样拍手称快、乐见其成呢？话说回来，从缇萦上书到刑制改革，没有材料能显示张释之对这些事的态度，由此可推测在别事（"不下马门劾太子乘车而失敬""从登虎圈阻啬夫利口以超迁"）上行使过监察职能的他当时并没有进谏。为官者不可能事事都发表意见，进谏总是难免有风险。如《张释之传》所录的对联中，胡吉祥所作数量最多，其中一副提到了张释之官至廷尉所面临的危机与恐惧："阻车门外，咎累皇威，劾章构怨终遭弃；犯跸桥头，法孚庶望，案律免诛每议平。"赢了民心，失了君心，会导致不幸。

真实情况恐怕不止如此，别看汉代著史者交口称赞，近人更是一边倒地夸张释之直言敢谏、秉公执法，但有疑古精神的宋人，更爱拿着显微镜审视张廷尉在帝王面前的应对。比如洪迈,指摘汉唐法官说话不小心"启人主径杀人之端"。此外,李如钧《宋人对西汉名法官张释之的正反评价》一文也值得细读。他在文中揭示,宋人对张释之的评判,可佐证当时的法治环境。那么新的问题又来了:今人一边大力夸赞张释之一边又正视他的"历史局限性",这说明了什么?今人对他的认识和古人对他的认识又有何异同呢?前面提到的那位给"大官老乡"立传的河南作家李新民一面背上"历史包袱",如"为何依法治国的方略没有从那时开始……为何老百姓心中都祈盼着更多的'释之'和'青天'",一面又觉得社会主义民主法制日趋健全的新时代足以告慰这位历史上赫赫有名的法制人物,这种态度是否值得认同?这是后话了。至于张大人自己,生命的最后在淮南为相,面对弹劾过的新君景帝,"释之恐",称病欲去官保命,虽"用王生计,卒见谢",但谁说景帝是真的不计前嫌?"岁余"就打发他"为淮南相,犹尚以前过也",令其四年廷尉生涯就此终结,且其子张挚本来官至大夫,后来"免。以不能取容当世,故终身不仕"。景帝三年(前154)"七国之乱",淮南王刘安本欲响应,防守叛军——足见此地的官不好做,而此时的张释之已经"年老病卒"了吗?又作何反应呢?更难以探究的是:生命尽头,释之怨吗?不畏权贵、执法如山的大法官,肩负着人们的祈盼,既然坚守法律,自应终身无悔,但正如处境会移转,人心也会变,只是已无人能得知。

可叹者又何止张廷尉。文帝改革肉刑之时，张释之并非廷尉，也就不够格留下名字，但留名的重臣又如何呢？一方面，洪迈《容斋续笔》卷三第五"汉文帝受言"条"史称文帝止辇受言"（这倒是相当符合"拦轿喊冤"的古代喊冤模式，但不知所据何史），重点是称赞文帝贵为天子，能对普通民间女子的请求上心，迅速、坚决做出反应，言下之意是贬低那些不受言、不办事者："今以一女子上书，躬自省览，即除数千载所行之刑，曾不留难，然则天下事岂复有稽滞不决者哉？"另一方面，荣耀归于天子，有错却都怪臣子。在洪迈看来"帝怜悲其意，即下令除肉刑"，似乎皇帝已经仁至义尽，而这样仁德的精神，臣下却没能够好好贯彻："丞相张苍、御史大夫冯敬，议请定律，当斩右止者反弃市，笞者杖背五百至三百，亦多死，徒有轻刑之名，实多杀人。其三族（今案：夷三族）之罪，有不乘时建明，以负天子德意，苍、敬可谓具臣也。"可见，就算当时张廷尉在，也逃不过"具臣"之咎。

数千载所行之刑，因缇萦上书一事而改，因文帝一言而废，果真如此爽快？"轻刑"名不副实，即便都怪"具臣"，但肉刑是个体系，在当时行之已久，其变易与存废间，是否还有君臣与个案之外的原因？接下来，我们先从帝王心术和权柄，来探讨缇萦案牵动的文帝所主导的刑制改革。

讲操守的人臣锐意奉法，讲礼仪的小吏不畏权贵，官场中的大小角色，都忽视不得。其实，不同官吏眼中之"法"，既可以是守得住的,也可以是绕得开的。后者,以一个大案为例,就算是进了诏狱,让能抓住要害的小吏支上一招,也可能避开国法与廷尉。拥立文帝的功臣周勃,在文帝坐稳皇帝宝座之后,就显得有点碍眼了,不得不把丞相的位置让出来不说,后来还被人告谋反。这位曾经的周大将军,竟然被逮捕入狱了。他好汉不吃眼前亏,放下身段讨好狱吏。重金贿赂下,狱吏给他支了一招。等周勃侥幸从牢狱之灾中脱身出来,这位曾经的大将军、大丞相方知道感叹"狱吏之贵"。孙家洲教授在书(《西汉朝廷"大洗牌":汉文帝入继大统前后的政治博弈》,中国人民大学出版社2020年版)里是这样写的:

> 周勃得以幸免,并非依靠法律手段澄清了真相,洗脱了冤屈,而是动用各种人情关系,用重金收买不同层面的关键人物,公主—狱吏—薄昭—薄太后,形成了营救自己的人事网落。重金收买的手段,本来是难登大雅之堂的,可是却成为营救周勃特别有效的方式。假如不是周家向狱吏奉送重金,在重刑加身的情况下,老将军周勃完全可能被屈打成招,"谋反"的构陷就可能被做成了铁案……如果没有周家以行贿的非法手段自救,在刑讯逼供之下,周勃"谋反"的罪名一旦被坐实,那就不仅仅是周勃本人被杀的事了,周家都要面临灭顶之灾。汉朝开国功臣韩信的悲剧完全可能在周勃身上重演。

何止韩信，更适合吓唬周丞相的例子，不还有李斯吗！

所以，不必纠结缇萦之父冤不冤——但凡被问罪，下狱不由自主，都命悬一线，倘若事实不清，法律不足，是否可全然仰赖"青天"仗义执言？其实未必。一、法官位置上坐着的，是"青天"还是"酷吏"，百姓说了不算。二、纵使是"青天"，也是皇权下的臣民，比如能使天下无冤民的张释之，但他也有无法解决的难题。三、耿直的"青天"不常有，而狡猾的"狱吏"常有。自汉唐到明清，无数惨痛经历摆在那里，为求自保和脱难，无论重臣还是小民，谁人甘愿以身试法、以命护法？尤其当案、法本身便是残苛到离谱的时候。要求生，免不了不拘一格：有条件找关系的，如周勃，用自身资源搞定；没那么大能量的，孤注一掷，以自身作为资源；也有多管齐下，寻求捷径与奇招的。我们不能说缇萦上书是悖法，但至少可以说，她以清白幼弱的女儿身，跟帝王讲情、讲理、讲条件，很出其不意。这种奇招背后，执法的幽暗之处，是否也有狡猾的"狱吏"的主意呢？

皇恩

前章说到，元朝有人写了《重建孝女祠记》，赞颂了唐代不知名的两姐妹为救父跳进熔炉从而打动当权者，让一地苛政得以缓和的故事。书中对比汉唐孝女遇上的两位皇帝，认为遇上汉文帝是缇萦之幸，而两姐妹不遇明君则是不幸。在缇萦救父的故事里，汉文帝的存在感确实相当强。

在缇萦生活的时代，文帝还没获得"文景之治"开创者、盛世缔造者一类的绝对化赞美。王子今教授收在《秦汉文化风景》中的《唐人历史意识中的"文景之治"印象》一文指出，汉文帝的形象从节俭宽仁，到"百王莫先"，有渐变过程。称颂"文景之治"是中晚唐以后才兴起的。检索正史中帝王称谓的出现频率可见，两唐书之前西汉诸帝给人留下深刻印象的是汉高祖和汉武帝，"文景之治"说法并非汉代就有，最早可能出自唐人笔下，如白居易所谓"文景之理"等，因为自唐才开始把"文景之政"视为守成典型和政治理想。这是唐人政治意识成熟的标志，也是衬托"贞观之效"和"开元之治"的需要使然。"唐人的'文景之治'评价中，多见以唐代帝王相比附者……发表这些评论的人，试图以'文景'的德政作为现世当政者的榜样。"[1]历经坎坷才坐上宝座的这位大汉天子关心民间疾苦，对小女子缇萦的上书做出回应，此事既成就了缇萦救父的美名，无疑也使史家在帝王的功劳簿上多记了一笔，汉文帝也因此着实被后世一夸再夸。逢汉文帝发善心，是缇萦之幸，但反过来是否也成立呢？即缇萦乞求天子垂怜，与此同时，天子是否也在寻找此类"以小见大"的扬名机会和改革契机呢？

汉文帝刘恒以宽仁享誉后世，其实他的施政"能文能武"。这既是普遍的帝王心术，也来自他独特的经历。由外藩而继大位，打得一手安抚人心、去除威胁的"好牌"，"汉文帝以高明政治家的形象，稳居政治舞台的中央"。他在意好名声，但也不惜下毒手。从孙家洲《西汉朝廷"大洗牌"：汉文帝入继大统前后的政治博弈》一书，可看出汉文帝即位前温顺的表面

---

1. 至于说唐以后标榜"盛世"的君王，是不是也要继续提及汉唐知名帝王，彰显本朝荣耀，甚至还要"超越汉唐"呢？王教授在文章结尾也点出了这层"黑暗的装饰"意味：从明处，"盛世"当然比"衰世"整体安定，"可以给予民众比较宽松的生存空间，给予社会比较有利的发展条件……常常是执行较合理的政治原则，成功地调节阶级关系，完善社会秩序"，但同样是白居易，有作为臣子尽"歌功颂德"义务的一面，也有作为言官、诗人针砭时弊的一面，"不愿作官家道旁德政碑，不镌实录镌虚辞"（《青石》），帝王炫示的"盛世"可能只是卖力的政治表演，未必等同于百姓得到了实惠。

二、法政

下实在的权谋。比如,他成功压制同样是刘姓宗室且立有大功的齐王、城阳王和济北王三兄弟。其中,齐王刘襄、城阳王刘章两兄弟正值盛年而先后病逝,"此前并无二人体弱多病的任何记载,倒是有生龙活虎的矫健身姿闪现于史册,更加之他们逝世前的具体病情均不见记载,种种迹象,不由人心生疑窦!……毋庸讳言,(只要)对刘襄、刘章兄弟壮年而亡的原因有所怀疑和探究,汉文帝的'仁君'形象就会添加一层雾障"[1]。又如,汉文帝此后对待淮南王刘长的态度。表面上,这对兄弟同为刘邦之子,本应更亲厚,文帝通过对弟弟的照顾树立起宽厚的仁君形象,但这种特殊的照顾也助长了刘长的骄纵

---

1. 孙家洲书中指出,此前,齐王刘襄在汉文帝元年(前179)即郁郁而终,根本原因是"在吕氏集团被灭之后,掌控了朝廷大局的功臣集团周勃、陈平、灌婴等人,不愿意推戴齐王刘襄继位称帝,他们巧妙利用了宗室成员琅琊王刘泽对刘襄的怨恨情绪,双方联手,很快把刘襄排斥出政治中心",直接原因则可能是委屈和担惊受怕,"在诛吕之役成功、汉文帝登基后的一年内,刘襄都经受了哪些屈辱和打击,史书上没有明确的记载,根据政治斗争的无情常例,我们倒也可以大致想见,作为争夺帝位而失败的他,一定是度日如年"。无论如何,从结果来看,刘襄去世省了汉文帝的事,但活着的人仍要被整肃。于是,顾全大局、忍气吞声的城阳王刘章也步了盛年病死的后尘。剩下的济北王刘兴居当初自告奋勇为新帝"清宫",也是敢做敢为之人,但其不甘坐以待毙,仓促起兵,完全无法与站稳脚跟的文帝抗衡。至汉文帝三年(前177)四月,城阳王刘章逝世,五月匈奴入侵,随后济北王刘兴居造反、兵败自杀,"至此,宗室成员中最令汉文帝感觉不安的刘襄、刘章、刘兴居三兄弟,都不在人世了。而这三位在诛吕之役前后,都是风云一时的人物,也是汉文帝心存忌惮的宗室成员"。反叛者名声定然无法翻盘,只说"病死"的两人,是"无法破解的历史之谜"。

不法。刘长的"作死"过程漫长,学者也认为刘长的死是桩历史疑案:"是汉文帝一时失察,还是故意以宽纵的手段诱惑弟弟触犯大罪?"[1]汉文帝的本意幽微,不得而知,但有目共睹的是,"随着刘长的去世,汉高祖刘邦的儿子依然健在的,唯有汉文帝刘恒一人了。谁是刘长暴死事件的受益者,毋庸多言"。

钱穆先生在《秦汉史》中所述"秦政乃战国紧张局面之掉尾,而汉治则为以后元气恢复之开端。此中分界,并不在法规制度之相袭,而唯在心情意态之有异也",精准地把握了秦汉王朝更替的关键。但从局部来看,为开局"元气恢复"提供稳定基础的种种政治举措中,恐怕仍少不了几乎亘古不变的明争暗斗、斩草除根的毒辣手段。吸收秦亡教训,"久乱后厌倦"固然不错,"粗朴之风未脱,谨厚之气尚在"恐怕也是有限度

---

1. 当初功臣推举新帝,人选有三,齐王刘襄、淮南王刘长、代王刘恒。代王刘恒以全家看似"温顺"好摆布而胜出,有实力的刘襄已经出局,而剩下的淮南王刘长同样具备称帝资格,对此汉文帝并不放心。在帝的屡次宽纵下,刘长变本加厉地违法,直到文帝六年(前174),刘长被群臣集议定为"谋反"属实,封国被废,载以辒车,押往远方,途中"意外"绝食而死。如此,曾经的继位候选人,才算都出了局。文帝十二年(前168)民间《淮南王歌》中的"兄弟二人不相容",说的就是皇帝容不下兄弟。孙家洲在《西汉朝廷"大洗牌":汉文帝入继大统前后的政治博弈》一书中断定,刘长因文帝而死,这虽无实据,却不能说完全无凭。如果说是兄有意纵容弟、诱导其犯下不赦之罪的话,前面是有例子可依的:"兄弟二人不相容"的这段,"和《左传》中的一段名案《郑伯克段于鄢》太接近,太相似了!……汉文帝对待淮南王刘长的手法与郑庄公对待共叔段的前例两相对照,太容易让人产生联想了!"。

44

的,更何况"粗朴"与"谨厚"是相对的,"予一人"的根子才是帝制中不变的核心。"明君"抑或"仁君",能坐稳皇帝之位的恐怕首先得是"称孤道寡",其次才可能有些善心、讲些人情,而"善心"和"人情"也未必不是合乎了利害的考量。

从皇家人情上来讲,手足情,恐怕得让位于利害关系。要看其行为的实质,不妨从其运筹帷幄、推波助澜与坐享其成的局面上反推。由前文可知,刘恒手段高明,对兄弟如此,对年幼子侄也不会心软。功臣拥戴刘邦之子、代王刘恒上位,"刘恒不是上接惠帝之业,而是直接继承汉高祖",于是生前窝囊的惠帝,死后也要吃亏,"在凌驾于他之上的吕氏外戚集团被清除之后,他却从宗法体系上被定位为'非正统之君'"。惠帝死了,当新选定为皇帝的刘恒即将入宫时,最惨的还是年幼无知、"从来未曾主宰过自己命运的小皇帝"。总有人敢比"以臣废君"走得更远,去做"以臣弑君"的"清宫""除宫"之"脏活",为新帝清除障碍。"'清宫'的执行者真是痛下杀手。他们把被废黜的小皇帝强行用车拉到皇宫之外,当天晚上就将其残忍杀害,同时被杀的还有吕氏集团所扶立的三位年幼的宗室王。"被清除的哪里是障碍,根本就是活人,甚至是亲人:

吕氏所拥立的小皇帝，未尝不是刘氏后代。[1]这一切顺应的都是文帝的利益。"大洗牌"洗的从来不是"温情牌"，威胁皇帝地位者，必须杀之而后快。

至于对父母之孝呢？袁盎捧刘恒为人"大孝"，主要是从他孝敬母亲方面——毕竟，史书中描绘文帝行孝照顾病中母亲，为后世贡献了"衣不解带"这个成语。文帝之母薄太后，从前为薄姬，本不受宠，被刘邦"一幸生男"，此后很少再见到刘邦。这对母子从前受的冷落，在刘邦死后，竟成了他们的"护身符"，不但在吕氏当权时得以保平安、远离迫害，在功臣拥立新帝时，外戚的弱势也成了其保命的"加分项"。文帝确实是信任母家，听得进母亲的话的。但对父亲，恐怕只能说血缘给了他上位资格（但还要与其他人竞争），有目共睹的疏离关系给了他生存空间，父子之间的"形式"大于内容。

说到底，"不可巴望好皇帝"及"天家无父子"等忠告，仍然有效。也许汉文帝是被淳于家的父女亲情深深打动，但这不是惯常。他毒手扫清威胁后，大权在握，愿意要好名声，树威信，自然可以这么做。只是不必认定帮过好人的皇帝便是好人，也不必指望皇帝高抬一次贵手后，能时时刻刻行好事。

---

1. 这四位被杀的小皇子，之前吕氏集团声称他们都是汉惠帝的儿子。在吕氏集团被灭之后，执掌朝廷实权的大臣和宗室人物则说他们都不是汉惠帝的后代。

再者说，直接决定淳于家生死命运的，不是缇萦上书能否提出好的理由（在传统中国，"孝"已经够好了）与论证的策略，而是当权者是否被打动（不论是因为真情、名还是利），其实最要紧的——参考那些令人惋惜的功败垂成的孝女孝子故事，是被打动的人是否有生杀予夺之权。对绝境中的求情者来说，皇帝自然是一步到位的最好人选。因为他掌权，至于是盛世抑或衰世，是明君还是昏君，倒是次要之事。成功自然是"孝感动天"，失败也不缺乏各种说道，甚至在展现皇恩浩荡的历代帝王中，不乏最任性的那种，导致求情时而成功，时而失败，引得小儿女们争先恐后地开"盲盒"，迎接莫测的命运。

天威难测，臣民卑微。跟皇帝讲不通的人，一般都把原因归于奸臣阻挠，好给自己留点儿希望。[1]那要是皇帝偶尔讲得通，恩典时而灵验呢？只要这扇崇尚孝道的求情之门不曾完全

---

1. 比如在"沉默"一章中提到的名将岳飞的名字不详的幼女，有一版"何年何人所修未考"的《嘉兴府志》记载，银瓶孝女"有至性"，得知父亲下狱，她"哀愤欲叩阙讼冤"，奈何不得其门而入，"逻卒守门不得达"。绝望之中得知父亲死讯，她"日夕悲恸，抱王所赐银瓶投井死，时年十三。鄂侯经进诗'览奏念缇萦'，指此也"。她的"讼冤"既然没能上达天听，也就没能流传下来，她短暂一生的"哀愤"中究竟包含了何种内容，我们不得而知。元代杨维桢以她的口吻作诗，"岳家父，国之城。秦家奴，城之倾。皇天不灵，杀我父与兄"，奸臣陷害导致"皇天不灵"，怪只怪奸臣。有朝一日平反，仍是皇恩浩荡，正如岳珂的《经进百韵诗》结尾："作诗哀寺孟，览奏念缇萦。恩锡茅封宠，光昭衮字荣。誓怀如皦日，忠报毕余生。"但今日彻底割掉心中辫子的人都知道，冤有头，债有主，皇帝不灵，就是皇帝的原因。

关上，仍可供天下子女尤其是罪臣之孝子，入皇帝彀中。

比如前一章列举过的，敢跟皇帝"讲条件"，不但成功免除父亲的牢狱之灾，还得到官职的孝子周琬，他坚信"父死，子安用生为"，不惜以死赎父罪，换来"帝察其诚，即赦之"的好运，可惜其他人未必成功。《明史》里列举"洪武一朝，子代父死者，更有虞宗济、胡刚、陈圭"。

结果如何呢？一部孝义传，载不动这许多悲欢。22岁的虞宗济，得斩刑，身首异处；胡刚，"诏宥其父"；陈圭，代父死，"而戍其父云南"。孝心或许相似，结局却大相径庭。

洪武朝为官是出了名的高风险，陈建的《皇明启运录》和张怡的《玉光剑气集》中所记的朱家子救父之事，也是相当曲折。此事特别之处在于由长兄朱煦出面救父，父亲朱季用得救过程中，还有不少人跟着"沾光"；不变的则是仍要寄希望于最高权力来救苦救难，即便皇权本身便是苦难的来源。

此事的前因后果是，福州知府朱季用上任未满一年，便被一轮所谓革除"有司积岁为民害者"的运动席卷："洪武十八年，朱季用由荐知福州。忽诏天下，尽革今岁以上有司积岁为民害者，（朱）季用与焉。输罪作城，役严偿重，资力不任，旦夕图死。"更多细节显示，朱季用很委屈，官未坐稳便沦为阶下囚，人是活着，但身心均受磨难，"役严偿重"，身患疾病，就要活不下去了。"视事仅五月尔，以例起入京，吏一以法论罪，作城须役，严令偿日用钱数十缗。（朱）季用又病痢，被楚，谓煦曰：'吾资力岂足堪此？吾旦夕死矣。汝勿深忧，但收吾骸骨归葬耳。'"得知父亲受难，亲耳听到父亲说出消沉等死之言，朱煦心中应是惊涛骇浪，表面保持冷静，暗地里不得不下定决心行动——与其等死，不如孤注一掷。

朱煦为了救父，决心诉冤讨个说法。本来朱季用刚上任，怎么也不会是"积岁为民害"的打击对象，但因"忽诏天下"被不由分说捉拿、论罪，哪里是有道理可讲的呢？如果能受得住刑罚，朱家也许就受了，毕竟同时遭难的不止他们一家。但朱季用熬不住了。"（朱）煦惶惧，不敢离左右，复戒二弟熊正共守……时役告枉者甚众……告而远谪及被刑者已数人。（朱）煦谋于父之同役者曰：'吾无术以脱吾父，诉不诉皆死，万一吾父以诉获免，虽戮死万万无憾。'遂陈词上闻。"诉个冤之所以要下这么大决心，是因为有前车之鉴，有冤者未必得到平反，喊冤倒要加重刑罚，死得更惨。对此朱煦仍选择"陈词上闻"，一方面是朱季用真的冤，另一方面也是"诉不诉皆死"的绝境把朱家人给逼急了。我们试着来估算朱煦上告的成功率：在此之前，"告而谪戍云南者三人，被极刑者四人矣"，即之前已经有七个喊冤的失败了；"同役缘此得免罪复官者十有四人"，这也就意味着，罚不当罪的至少有十五名官员，却只有朱家敢牵头。其实，倘若不是被逼到了"诉不诉皆死"的地步，朱家怕也会继续闷头在劳役中苟活。无辜诉冤之家要抱持必死之决心才有可能翻身，这里面群体的悲剧性，实在比个案成败更沉重。

后来朱季用官复原职,按理说是个喜剧。但险些家破人亡的惨状,怕是一时难以淡忘,何况更惨的还在后面——倘若觉得时间可治愈创伤,朱家父子所缺的也恰恰是时间:"已而,(朱)煦感疾死。(朱)季用伤(朱)煦死,病益甚,亦死。"惊魂未定之际,白发人送黑发人,朱季用再难支撑。对此,就算是劝孝的儒士何孟春,也不得不先道一声"好惨",再找补回来说有人在意、有人传颂,还不算终极不幸:"呜呼!当时事如宗茂、季用辈,不有孝子动天听,而骨肉为城下土者,不知其几。二人有子得免,而竟客死役所,命也夫。而得名笔传其事,至今有余慨焉。呜呼!二人者,亦不为不幸矣。"[1]还是张怡笔记里写得更直白实在:"时人莫不哀伤之。"这种哀伤,除了感动于父子亲情、人间大爱,恐怕还有更多——那个

---

1. 宗茂姓叶,其子叶仁上书时才十九岁。"叶宗茂,新安名士,元至正末,与汪同起兵御寇。国初,授婺源知州,升饶州知府,坐事罢官,徙濡须。久之,提取赴京,使城筑所赋。寻忤十倍,其家产不给也。子(叶)仁,效缇萦上书,得免。无何,病卒金陵邸。见闻者哀其遭时不偶,为赋诗。而乡人朱允升学士,为之序。时洪武十年。序中始卒一不着年号,而论之云:'杨子云曰:世乱,则圣贤驰鹜而不足;世治,则庸夫高枕而有余。乱世之氓困于供亿,仕则困于责任。不能集事者,得罪而祸亟;集事,则事愈归之。甲兵钱谷,抚绥应对,岂一人身所备。一不善,卒不得免焉。使宗茂涉世,得三四十年不乱,卒展其经业,展其政事,又加之年寿,敛华而实,当为贤公卿、乡先生以善后来。而乃止于此,岂特其一身一家之气运耶?'"朱允升的序哀婉动人,深得春秋笔法。

时代为官者不仅为职责战战兢兢，更成日成夜噤若寒蝉，唯恐小命不保。明初俚谚云"为官不要钱，工役无盘缠"，虽说做官历来"公罪不可无"，但往死里折腾官员，也算是洪武朝特色。贪官获罪，也许本罪不至死，但君让臣死臣便不得不死；清官下狱，更是无钱打点，多么讽刺。乱象之下，就连宽赦本身也谈不上有多少正义可言，充其量像掷骰子时碰巧偏向了正义的一边。从这个意义上看，这本是一群不该受罚的官，获得了皇帝开恩官复原职，该感谢的是为救父而牵头上诉的孝子，"微君有孝子，吾侪骨肉为城下土矣"，这话里面有相当成分的真心。

面对恣意的皇权，"孝感动天"即便不是真正的制胜法宝，但对偶发的好结果也有相当的解释力。在无常的政治和不近人情的法律中间，孝女孝子的孝心，是不小的变量。

案犯的子女未必是案犯，严格说来可归入案外因素。子女的参与，本不是案件中的唯一变量。尽管求情的一方，总会想方设法把事情说得跟自己相关，好把责任往身上揽，但是从求情者到评论者，总还会寄希望于当权者的破例——使其在办案中纳入一些超越法律文本的"孝"的考量。人心所向，加上"王法"本身寓意"王在法前"，让成功案例依旧零星地存在于世，世间便有了"孝子不应死"的期待。

皇帝若是开恩，自然又成就一段如缇萦救父般的佳话。而当孝女孝子策略未能奏效，时人便会慨叹期待落空，往往还要设想孝女孝子"无憾"赴死以保全希望的火种;也许会在孝女孝子的纪念文章中,给具体案件找个"责任人"——安全起见,得是皇帝以外的人。

浙江黄岩人王叔英的《二孝子传》写他两位台州同乡朱煦、陈圭拼命救父的故事。何孟春《余冬录》引王叔英所述朱煦、陈圭事迹。陈圭父陈叔弘被仇人告发,获罪当死:

> (陈)圭诉所司曰:"圭不能谏父,陷父不义,圭罪自当死,幸原圭父使自新。"事闻,上以孝子称之,赦叔弘罪,候天下朝觐官至,播告为天下劝。既而,刑部尚书开济奏:"罪有常刑,不宜屈法开侥幸路。"乃听圭代父死,叔弘谪戍云南。闻者叹圭之孝,而惜其死焉。叔英谓圭者其死,孝子志也,圭何憾?

作者已经透露很多了:"上以孝子称之",这是皇帝对孝道的重视,刑部尚书开济却建言"不宜屈法",紧接着就是闻者的叹息。

事实上,陈叔弘"罪当死",即便是"为其仇人告",恐怕也无法改变其犯罪事实。陈圭声称为人子者"不能谏父"导致"陷父不义",实情恐怕是陈叔弘真的做出了"不义"之事,而陈圭大概率不知情。即便陈圭知情,也并非法律意义上的共犯,况且律有明文,"家人共犯,只坐尊长"。但陈圭这原本无关的无辜者,偏偏愿意揽过罪责,就因为犯死罪者是他父亲。那么死罪的正犯陈叔弘,能以一条无辜生命为代价,换得所谓的"自新"机会吗?轻罪或可"曲法伸孝",然而罪至死,说赦免就赦免,怕是多有不妥,这恐怕是刑部尚书看不下去而不得不提醒的原因。但开济在法官立场上的这一提醒,却被别人重重记了一笔。同样,《玉光剑气集》卷十四"孝友"中所叙陈主事,带有评论:"此条上原有朱笔眉批曰'开济之所以不免也'。"所谓"不免",据明史本传载,开济用刑"深刻",后来犯事被御史弹劾,继而被朱元璋杀掉了。

王叔英《二孝子传》中自述:"余往闻孝子、慈弟、义妇事,为之感涕,欲录以劝,而恨不得其详。"他追加的姓名不详的孝义故事里,还包括弟代兄死的请求:"洪武某年间,有兄弟二人,其伯兄坐法当死,二人自缚午门前,愿以身代。上问故,二人者曰:'臣少无父,非兄无以至今日……故愿以二身赎兄命。'上疑非诚,许其代,而阴戒行刑者,试其人,如有难色,即杀之。二人欢然延颈待刃,既弗果杀。上嗟异,赦其兄。御史大夫陈宁持不可,其兄竟死焉。"这笔法与记陈主事如出一辙,也是皇帝要赦,朝臣不许——似乎写出朱元璋多么善于纳谏。

何孟春在大是大非面前相当讲究,他高度评价了《二孝子传》作者王叔英的气节,称赞王叔英身为忠臣,配写孝子:"其为忠臣,与所传孝子、慈弟、义妇事相类,是于大伦死于憾矣，世有知其详者，安得不感涕而录之。呜呼哀哉！"评价陈圭案时，何孟春比王叔英的态度更尖锐，指摘刑官开济不能顺应皇帝为成全孝子而赦免犯人的"美意"："叔英之所以传孝子、慈弟、义妇，而拳拳乎大伦乃尔，其志可知已。夫法，笞绎执之而已，而帝尧有三宥之典，汉唐君臣尚知此义，不如是，无以尽劝天下之术也。圣祖时，法令严明，为何如彼有兄弟二人者暨（陈）圭事，圣祖欲赦焉，而持法之臣，不能将顺以成美意，宁死有余戮。济□来亦不得其死，意者天道乎？"所谓"彼有兄弟二人"，即前面说到"其伯兄坐法当死，二人自缚午门前，愿以身代"的兄弟二人。论者这是旗帜鲜明地指责"持法之臣"开济，帝王既然有法外施仁的"美意"，他不能顺从上意，反而严格执法，导致孝子捐躯，必然负有责任。可非要论的话，难道不是"坐法当死"的伯兄连累了无辜而求情的弟弟？

人主权断，人臣奉法。若是臣下能奉法循理，小心规劝，皇帝也因此打消了屈法伸情的"一头热"，是不是表示徇私本身太离谱、乱法的代价太高昂呢？

我见过的极为高昂的代价，是无辜者想要搭救一个殴死孕妇的凶徒。《明史》在《刑法志》与《孝义传》两处，都记载了这事。洪武十七年（1384）十二月，据左都御史詹徽奏："太平府民有殴孕妇至死者，罪当绞，其子请代。"这请求就离谱，能让所有人都等着皇帝裁决也离谱。大理卿邹俊还不算没谱，他重申"与其存犯法之父，孰若全无罪之儿"这个朴素的道理。况且，就此案而言，对"殴孕妇至死"的凶犯，何赦之有？

> 子代父死，情固可嘉。然死妇系二人之命，冤曷由申；犯人当二死之条，律何可贷。

皇帝"诏从其议"。在我看来，算是为个案判官保住了基本的是非观和公平正义的底线。但别忘了，报上去的案子再离奇，能上报本身便体现出特殊——沾了"孝"的边，走了"特殊通道"，皇帝的"仁德"已足够彰显。而当有必要依律纠偏时，是官员而非皇帝，要承担"杀孝子"的风险。正如洪武朝刑官被笼统地贴上了"用刑深刻""治狱不平"的标签，似乎这成了他们恶意导致孝子救父失败的"证据"。他们的"报应"也被认为虽迟但到，总归是被钉上了德不配位的耻辱柱。"太祖时所用深文吏开济、詹徽、陈宁、陶凯辈，后率以罪诛，未必非治狱不平之报"，这话出自沈家本《明大诰峻令考·凌迟》，刑官报应之论，源远流长又触目惊心。

总之，习惯了被统治的古人，要么执迷不悟，要么揣着明白装糊涂。今人的优势，也许是既"同情地理解"，又坚决"看破又说破"——刘恒看重小小缇萦，借此树威又邀功，可谓精打细算，名利双收，不失为四两拨千斤式的妙招。朱元璋一面重刑驭下，一面表彰民间孝行，喜怒无常又多疑，到底引得救父者前赴后继。几千年间，法外施仁的口子一开，送死者多，实则更加深了犯人全家的苦难，即便偶有成功，也不过是帝王以心血来潮的宽，暂缓了此前任性的严。侥幸存活者付出何种代价暂且不论，一家之成功鼓励了更多家尝试，微弱的侥幸激发了海量的不幸，惨烈的恶性循环也由此展开：一方面，求情场景越发离谱——含冤入狱的可求，过失犯法的可求，连故意杀人者竟也有其儿子来求情，可谓孝子何辜？被杀者又何辜？另一方面，可赦者赦，不可赦者亦赦，此种乱象中，为人子女者，难保不会争先恐后将"天下无不是的父母"无限扩大，可求者求，不可求者亦求，于是乡贤口中多了孝义谈资，世间多了无辜受难的牺牲品。此外，功成与否，都强调案外情中"孝"的主旋律，淡化案内情，即关乎"罪"之真假与"刑"之轻重的讨论，成功者自然少不了称颂皇恩浩荡，失败者不免将失败归咎于臣下之阻挠。从这个意义上看，人君让别人背锅、慷国法之慨，占尽先机与好处，看不破又逃不出的，永远是臣民。

面对帝王的任性，奉法者与法律，都被任意摆布。即便如此，从长远来看，正如司法中少不了明白人，执法者也离不开靠谱的法。下一节就围绕如何有法可依，即刑罚制度及其改革来展开。

改革

  宗室之死是"偶然",仁君人设要长保。汉文帝恩威兼施,身在能总结出"霸王道杂糅"的汉室,注重民心向背是常态。[1] 皇帝的恩威并重、朝堂之上的表演,诚然是应对民情的需要,却难以完全左右民情。[2] 可话说回来,皇帝在意民情,既有事

---

1. 对其中"软实力"的强调,见张朝阳《缇萦如何能救父——汉天子的软实力》(载于《文史知识》2017年第8期)一文,颇具启发性。
2. 同情刘章壮年"横死"的"城阳景王崇拜"在齐地持续三百余年,生命力如此强大,孙家洲教授指出,"结合历史背景来解读,很容易导向民间舆论对刘章潜在的同情,对汉文帝则是委婉的讥贬",这与刘长"横死"后《淮南王歌》的流传,都是公道自在人心的曲折体现。在孙教授笔下,"公道自在人心"与"历史是无情的",时有相契:"评价历史人物,与其重视由官方主持兴建的雄伟壮观的陵墓,不如重视历代口耳相传的民间舆论。不排除各个时代的民间舆论在形成和传播的过程中也有官方因素的影响存在,但是,民间舆论在长期的流传过程中,往往存在一种'自我净化'机制——可以流传后世的东西,要合乎'人性'与'人之常情',依靠政治权威强制推行的某些说法,往往会随着时间的推移而被淡化和淘汰。"

后补救，[1]也有因势利导，极少裹足不前，即名声与利害，他都要考量。从这一角度，若皇帝早已盯上了肉刑的弊病，又恰巧需要大力营造些天子仁德过人的好名声，没有缇萦，也很快会有"黄萦""绿绦""紫带"……

本节就从更具体细微的刑罚制度说起，来看文帝推动改革的内因。主要依据是日本学者宫宅潔的《中国古代刑制史研究》一书[2]，书中也提到缇萦：

> 肉刑的废除发端于一位少女的上诉，她请求用自己沦为官婢来赎父亲的刑罪（应判肉刑的罪）。《二年律令》中只见到"肉刑+城旦舂"这样的刑罚组合，因此，淳于公应该是被判处城旦刑，但由于文帝十三年时没收制度已经被废除，所以他的女儿没有被没收为官婢。然而，缇萦却

---

1. 淮南王刘长死前，袁盎就劝谏文帝，得小心刚烈的淮南王一路上受不了、活不下去；等淮南王一死，汉文帝就表演了一番追悔莫及，此时袁盎进言，则奉承汉文帝大孝（事母之孝）、大勇、大礼让，古今无人能及，来宽慰文帝，不会因为淮南王"意外"死亡而折损名声。在文帝十二年（前168）关于淮南王之死出现了"兄弟二人不能相容"的民谣，文帝随即恢复刘长王位；过了几年，又"退还"了刘长的三个儿子原来的封国土地，以示皇帝惩刘长不是贪土地。孙家洲指出，"这种显得'过于较真'的做法，可以表明汉文帝确实是一位重视自己形象定位的统治者。他不愿意在百姓的歌谣中出现'负面'因素。这是一位愿意付出沉重代价也要努力维持颜面的皇帝"。

2. ［日］宫宅潔：《中国古代刑制史研究》，杨振红等译，石洋等审校，广西师范大学出版社2016年版。

希望成为官婢,以此来赎父亲的罪。怜惜她的文帝不仅命令废除肉刑,而且指示对罪人实行"有年而免"。

这段材料信息量很大。法律史教材里的通说,更重视缇萦救父促使国家法律"其除肉刑,有以易之"(《汉书·刑法志》)的部分,但中外学者也早就论及文帝下令中"劳役刑的有期化"等问题。[1]结合劳役刑的内在分类与实施中面临的具体问题,即"劳役刑以劳役内容、就役形式、刑具有无、对其家属的待遇等标准划分轻重等级,其中尤其是将刑徒的妻、子分别没收以及对罪犯施以肉刑,一旦执行,很难恢复之前的状态,在行刑现场也很难受到制度松弛的影响",对"除肉刑"的前因后果,还可以进行更细致的观察。"秦律中就出现了很多未科肉刑的劳役刑徒",以及文帝十三年(前167)以前由于肉刑存在的意义因有爵者阶层的扩大被削弱,"执行肉刑的

---

1. 比如存在一个争议是,文帝此举的意义究竟有多大,要联系此前的劳役刑是否有期限来看。有人认为,"有年而免"只是单纯地确认旧制;也有人认为,倘若秦到汉初的劳役刑以至死方休的无期刑为主,那么文帝十三年(前167)的诏书,就是给无期的苦役新加上了刑期,那就是减轻了,是大好事。继而引出的关键问题则是"废除肉刑"与"无期变有期"之间的关联性,如果劳役刑的初衷是将身体被刑罚毁伤、被排除在社会之外的官年奴隶,置于特殊的社会地位(为奴)和控制在特定场所(无限期服劳役),那么毁伤身体的肉刑和至死方休的劳役刑,便是一体两面、两位一体,即废除肉刑的连锁反应是无期劳役的消失。

数量已经大幅度减少"等，劳役刑的既有分级已经开始动摇。因此，很难说文帝十三年下诏废肉刑顷刻即令劳役刑体系全盘改变，也不能说文帝之诏就是改变劳役刑制的唯一原因——毋宁说此诏既是因，也是果。在现实需求、酝酿过程和个案契机背景下，文帝诏书直接影响刑制体系：

> 肉刑的废除是将肉刑从劳役刑中剥离，不仅使刑期的引入成为可能，还促使没有刑期作尺度就难以维持劳役刑等级的状况出现。

刑制变迁要花时间，缇萦上书是个由头。这种推断，想来具备"历史感"的读书人都不陌生。在正面论述资料不足的情况下，专精此道的学者更通过关注改革所引发的事态，来探讨改革的根本原因，"如果关注几种制度改革所造成的共同后果的话，这些改革的必要性或许就会自然而然浮现出来"。所谓"共同后果"，从文帝元年（前179）没收制度的废除和文帝十三年（前167）废除肉刑后劳役刑刑期的设定来看，显著的一点是无期刑被有期劳役代替，"可资利用的刑徒劳动减少"，而减少官奴婢、官有劳动力，也许正是自文帝以来政府所真正追求的。如文帝后元四年（前160）五月赦天下，"免官奴婢为庶人"，元帝时期也有臣子请求将官奴婢十万人"宜免为庶人"。基于"劳役刑制度的变化与整个王朝编制、有效配置劳动力的方式息息相关"的事实，考虑到改革的持续推进态势，宫宅潔进而推测，官有劳动力的减少既是"没收制度废除和劳役刑的有期化所带来的一个客观效果"，而通过解放官有劳动力来节省政府开支也"正是这些制度改革的目标"，"如果把没收制度和肉刑的废除，劳役刑的有期化，进而官奴婢解放和边境防备的改革等文帝的各项改革，看成是彼此联系的有机整体来认识，就会发现这些改革达到的一个共同现实效果是：官府拥有的劳动人员减少了，让他们自食其力，官府所应负担的支出因此减轻。这种劳动力配置的改变才是劳役刑改革背后的动因"。诚然，《中国古代刑制史研究》中列举的学界讨论与作者推测未必完美无瑕，但毫无疑问这些提问极具价值。

好学者都是好问者。一方面，孙家洲说的"大洗牌"主要是指汉文帝如何用六年时间"打怪升级"，坐稳皇帝宝座。(《中国古代刑制史研究》前两章算是"打怪"——与宗室斗，与群臣斗；第三章"与民休息：奠定'文景之治'根基"则更像是"升级"，更能体现钱穆先生所言"元气恢复"的"心情意态"。第三章分三节，一是"心怀戒惧之念，君臣同心求治"，二是"开明政治：废除株连之刑和'诽谤法'"，三是"由'张释之执法'看循吏政风"。在第二节中，孙教授认为汉文帝"积极的刑律制度的改革，体现出轻刑治世和注重法律与人情的调适，收到了笼络民心、稳定秩序、移风易俗的良好效果"，并以晁错之论为典型，展示汉代人士对文帝改革刑法的歌颂,"肉刑不用……罪人有期……所为天下兴利除害,变法易故,以安海内者,大功数十,皆上世之所难及"。)[1]另一方面,宫宅潔在辨析刑制变动脉络时则指出,"对文帝的过度赞誉反而掩盖了文帝时期的历史真相"。改革本身有其现实性和紧迫性,而并非全然出自皇帝个人的仁慈本性与大发善心:

> 军需减少造成的影响也会波及到产业,人口增加与流民定居也都会导致劳动力需求发生结构性变化。进而原本作为奖励军功发挥重要作用的爵位,逐渐变成随便滥发,爵制在整合社会秩序上所具有的决定性影响力也变得有名无实。在政治、社会、经济全面卷入的环境变化中,文帝实行了若干改革。这些改革都是为了应对变化,在切实的现实要求下实施的。然而,《史记》《汉书》并没有过多地语及改制的背景。在各项改制措施中,正史只记载了废除关卡和允许民间铸钱等,但却没有言及改革的过程和背景,而将这些统统归结为文帝的恩德。

---

1. 结尾仍引用钱穆先生《秦汉史》中之论称赞文帝的高明:宗室诸王、功臣将相与外藩入主中朝的皇帝之间的"强弱之势,难于骤变……然文帝以慈祥恺悌默运于上,二十三年间,而中央政府之基础日益稳固,外有以制诸侯,内有以制功臣,则文帝之贤,有岂仅于慈祥恭俭而已哉"。这些赞誉,可代表对文帝功绩的通说。

二、法政

文帝施政，包括法律改革在内，是个持续多年的过程。刑制改革的动力之一，自然也包括刑罚体系自身调整以追求更整齐有序的内在需要。对缇萦而言，她只是赶了个巧。前面说到，皇帝的施恩和"算账"并不冲突，史家所言"天子悲其意"与文帝诏中的"朕甚怜之"，其中不无"为民父母"的惠民之意，但刑制改革这样重大的举措，恐怕是有"意"也应有"术"的。因百姓只盼恩典，这些史家可以不写，但我们不能不问。

此外，新旧刑制，不仅影响"刑徒"本人，还会改变刑徒一家的境遇。换句话说，从天而降的一座座大山，可以轻易压垮草民，也可以阴差阳错地给他们留几丝缝隙作为生路。

宫宅洁关于刑制的研究指出，"在《二年律令》的时代，只有城旦舂才与肉刑合并使用，这是这种劳役刑与其他劳役刑徒相悬隔并占据独特地位的原因"。不幸也幸，淳于意被判刑的当口，肉刑/无期劳役刑的实施，已开始松动。据《二年律令·收律》规定："罪人完城旦舂，鬼薪以上，及坐奸腐者皆收其妻、子、财、田宅。"所谓"子"，是指罪人的子女（未满十七岁、未婚、没有爵位和未独立成户），又有规定"诸收人，皆入以为隶臣妾"。据宫宅洁书中解读，这"可以理解为，收人被没入官府后，其待遇与隶臣妾相同"，结合《奏谳书》和睡虎地秦简《法律答问》等，"被没收的妻、子甚至被当作商品出卖"，"妻、子被分别出售，城旦刑徒的家庭解体"。简言之，秦汉法律，曾一度规定一人犯法，全家遭殃。

"由于没收妻、子及财产的处罚，也波及犯罪者近亲，可以视为一种缘坐制，但吕后、文帝时相继对缘坐制予以修订和废止。如果将是否没收看作是构成劳役刑体系的重要要素，那么不难想象，这些改制对劳役刑制度也产生了不小的影响。可以说肉刑也发生了同样的情况。"这样看来，缇萦之所以能上书成功，其实文帝即位之初甚至文帝即位之前的一系列政令，便已埋下伏笔。文帝元年下诏"法者，治之正，所以禁暴而卫善人也。今犯法者已论，而使无罪之父母、妻子、同产坐之及收，朕甚弗取"。这样的好政策还伴随着一系列表演：左右丞相出来建议"如其故便"，而文帝反驳说此乃"不正之法"，不算导民为善的正道，"未见其便"；于是丞相虔诚奉诏，"尽除收律、相坐法"，顺势将光荣盛德皆归于皇帝，"陛下幸加大惠于天下，使有罪不收，无罪不相坐，甚盛德"。

撇开当权者的上位手段、秉性名声及掌权计谋，仅从制度来看，如果淳于意犯案是在早些年，且不说缇萦是否出生，恐怕他任何一个女儿也没有替父求情的机会和条件。因为当时一家之中一旦丈夫成了城旦刑徒，妻子（如果在）和子女都会直接失去自由身份，家庭分崩离析。由此，失去自由的小姑娘何谈进京、上书和代父受刑呢？

通过勾勒刑制改革中一些影响淳于家命运的细节，本节想要展示的是社会环境中的大政策与小姑娘的人生选择之间，一些具有决定性意义的契合。十来岁的小缇萦,也许当时的决定只是听从本心,对西汉建立后的政策变化并不了解,又或许是顺势而为——正是听闻之前的行刑状况和诏令动向,了解到文帝有心"加大惠于天下",遂提出为官婢的代刑方案。具体缘由我们不得而知,一言以蔽之,虽然影响缇萦救父成败的,有诸如政治、社会、风俗等因素,但不管怎样,这背后不仅是她一人或一家的努力——虽是事在人为,但仅凭个体能争取到的,其实相当有限。

三、真假

前面"沉默"和"法政"两章，代表着提问题的两条线索与讲故事的两种风格。将这两根线，拧成一股绳，也是"治史如断狱"式的拷问历史、叩问内心。

第三章"真假"，是体现本书作为一本"问题之书"最特别的一章——"问题之章"，语义双关：首先是透过相似事件中的"美德"与"美名"，往深处看，打着"孝道"名义的所有行动，未必都有正当性，为何？这是需要探究的问题；而有些故事用结果来使手段正当化，其用心何在，这也是需要探究的问题。

真相未必皆善、美，但对真相的问寻和推演，无疑丰富了故事中主角们作为人的可能性，让历史传奇中的她们更立得住。

虚实

"扑朔迷离"这个成语也许能迅速勾起我们关于《木兰辞》从"唧唧复唧唧,木兰当户织"背到快结尾的回忆。"雄兔脚扑朔,雌兔眼迷离,双兔傍地走,安能辨我是雌雄",诗句凝练为成语,木兰却始终是个谜。

木兰的故事在纸面上能否自圆其说,和木兰姑娘是否真正存在于人间固然相关,但本质上还得各论各的。细节看似高度真实的故事亦可同时是添枝加叶的想象,耳熟能详的传奇既源于生活又高于生活,既虚构又写实。本章围绕故事的真假与情节的虚实展开探讨:若"虚",则故事纯属虚构,世上并无木兰;若"实",则木兰的故事中纵使有虚构成分,但也存在过这样的人物原型。此外,"虚实相间"的折中之说也不妨考虑:《木兰辞》及后续的木兰故事不是没有原型,而是并非仅有唯一原型。

人道是木兰"其义且武在缇萦上"(程大昌《演繁露》)。

话虽如此，但除了生命价值不同不该将二人相比外，二女所处的时代不同，本身也不能相比。缇萦生逢汉文帝，载入《列女传》，父为淳于意，也见于正史，虽说她救父之后下落不明，但也算有个"简历"，查有此人。而木兰呢，在小说家之言和影视剧中，她的来历向来飘忽不定，比如她是哪朝人，哪里人，哪家人，她姓甚名谁等一概模糊。

先说关于木兰是"哪家人"的解读。最早关于她的记载是北宋郭茂倩转引南朝陈智匠《古今乐录》，其中赫然写着：

木兰，不知名。

所以，几乎可以肯定的是，她不是花家人，大概复姓"木兰"，名字失传。

就连对"木兰"含义的解读，都不是唯一的。较新奇的是陈三平富有创新的系列考察。其《木兰与麒麟》（八旗文化2019年版）一书的副书名是"中古中国的突厥—伊朗元素"，书中试图表明"中古中国的突厥—伊朗色彩，丝毫不比近代中国的满蒙色彩少"，而"木兰"二字便是论据之一。作者跳出汉字框架来分析，设想"木兰"来自中亚的鲜卑民谣，认为尽管"木兰在汉语中是一种婉约的植物，象征着女性，但它在鲜卑语中则是动物'鹿'，具有'男性、强大的'的意思"。不敢说这一大胆之论能成立，但其中关于"木兰"的音和义不必统一的观点，倒挺有意思。

"木兰"实在不必姓"花"。梁海燕老师的课程"乐府诗歌的演变：木兰和她的时代"中，有对木兰故事民间流变的探寻。她认为"迪士尼影片英文名 Mulan，当译作《木兰》，译作《花木兰》其实是不对的"。折中来看，无论"木兰"是否姓花，《木兰辞》的主角的名字都可看作"木兰氏"的省略，也就是木兰家的姑娘。

依此，故事的背景可理解为木兰家有位姑娘，不姓木不姓花也不叫木兰，有一首诗写了她的故事，但诗中没传下她的名字。南朝人智匠对木兰的身世已经不了解。照此，后人对木兰的了解应不多于乐府诗。如梁老师所说，"郭茂倩对木兰生平也无任何补充，足见态度之审慎"。与这种审慎相映成趣的是后世讲故事者的想象力，增名加姓，花样翻新，从女战士到女将军再到"孝烈"，使木兰的形象一再丰盈，也越发离奇。

以上从木兰的姓和名切入对她是哪家人的考察，其实也关系到她的族与国。下面再来看木兰是哪里人。

据学者考证，唐代民间已有不少超出《木兰辞》原文的信息。关于"木兰"之名，两唐书"黄州"条下均记载，唐初黄州曾下领"木兰县"，其地又有"木兰山"。晚唐会昌年间，出任黄州刺史的杜牧作《题木兰庙》一诗，可知当地还有祭祀木兰的庙宇。根据康熙朝《黄陂县志》，当地的木兰姓朱——那这位应是湖北姑娘朱木兰？

别忘了还有河南姑娘魏木兰。元代侯有造《孝烈将军祠像辨正记》中说，有碑立在了河南商丘虞城县周庄木兰祠。梁老师说，这是目前国内发现最早的记载木兰生平的石刻文献。

西北也有木兰姑娘，如明邹之麟《女侠传》，其中有"木兰，陕人也。代父戍边十二年，人不知其为女。归赋戍边诗一篇"，"其词曰：促织何唧唧，木兰当户织……"，是出自我们耳熟能详能全文背诵的《木兰辞》了，但说是木兰自己写的，倒是新奇。书中还加了评论："若木兰者，亦壮而廉矣。使载之《列女传》，缇萦、曹娥将逊之，蔡姬当低头愧汗，不敢比肩矣。"文末引了杜牧的《题木兰庙》诗，又顺带提及缇萦，"君子谓，缇萦能一言发圣主之意，《易》曰'小惩而大戒'，汉文之谓也"，果然，荣耀归于赢家。

话说回来，上面几例足证唐宋以降木兰庙、木兰祠在全国不止一处，而木兰的籍贯也时南时北，时东时西。

真正影响后世的未必仅是"死"的庙祠，更应是"活"的诗歌与戏剧。河北姑娘花木兰的形象流传最广，可从明朝徐渭（字文长）《四声猿》之《雌木兰替父从军》见出。徐文长是个好编剧，写出了"妾身姓花名木兰……世住河北魏郡"，她父亲名弧，母亲是贾氏，她自己年方十七，看似言之凿凿，可一千年前的智匠都不知道得这么确切，一千年后的徐文长又是听谁说的？这些怕是创造之需要而为之，不必视为事实。

再来看木兰是哪朝人。在我们的中学语文课本或文学常识

里,她生活的时代是北魏,但深挖下去又不一定。宋人善较真、好存疑,如程大昌在《演繁露》卷十六里讲:

> 乐府有《木兰》,乃女子代父征戍十年而归,不受爵赏,人为作诗。然不著何代人,独诗中有"可汗大点兵"语,知其生世非隋即唐也。

他又说,木兰身为女子,"女子能为许事,其义且武在缇萦上",可见无论唐宋还是明清,这些给奇女子作传的文人除了强调性别,就是偏爱对比——用别家女子衬托木兰,又用木兰衬托别的姑娘,似乎不搞攀比就夸不出来。但他们在对比中往往只关注结局之成败与手段之特别,很难做到真正的对比互见。比如,为何不比一比双方来历,看她们各自都割舍了什么?敢不敢比一比下落,谁因此过上了更好的生活?攀比式的写法,就像是看着她们想着别的人,并未真正看见她们。

成书于清末的《女聊斋志异》卷一收入"木兰"条,引用《凤阳府志》所记载的"亳城东魏村人"魏木兰的故事,指名道姓,有头有尾,甚至连生辰都有:

> 隋恭帝时,北方可汗多事,朝廷募兵,策书十二卷,且坐以名。
>
> 木兰以父当往而老羸,弟妹俱稚,即市鞍马,整甲

胄，请于父代戍。历十二年，身接十有八阵，树殊勋，人终不知其女子。

后凯还，天子嘉其功，除尚书，不受，恳奏省觐。及还，释戎服，衣旧裳。同行者骇之，遂以事闻于朝。（帝）召赴阙，纳之宫中。曰："臣无愧君之礼。"以死拒之。

帝惊悯，赠将军，谥孝烈。

昔乡人岁以四月八日致祭，盖孝烈生辰云。

《女聊斋志异》问世时，风气日新，编者意在"罗辑数千年来之贞女、才女、侠女、情女之魂，而汇之一编。其间奇闻轶事，或以情爱见称，或以节烈见著，或以侠义文藻见长，处常济变，守经达权，虽七尺须眉，未易具此志略"。

书中连用三个"皆"，却没有因为捧一个而踩另一个：

皆非有真道德、真性情、真气概、真学问者不办。
……皆中华之奇女子也……
皆吾昆仑、峨嵋、长江、大河数千万年所磅礴郁积之奇气也。

这些赞誉，木兰当之无愧。

话说回来，木兰的真实来历，恐怕谁也说不清。她是民间故事中的一抹惊鸿，虽然在《木兰辞》中得到了正面描写，但朝代与家族等都是模糊的，不像史书中出现的缇萦，至少给出了清晰的来历及故事背景。不过文学形象也好，历史人物也罢，总要遵循些情理，所以在诸多有关木兰的无根传闻中，要剔除一些过分离谱的倒是简单。比如地方志中用"孝烈"来定位木兰，拔得很高却立不住，更像是各种误会的集成——既把诗歌里的奇女子当成真人，又把某种既"孝"且"烈"的高标准、严要求当真加诸其身。虽附加不少吸引眼球的事件，却组合得相当牵强，比如提到天子要将木兰"纳之宫中"而木兰抵死不从，于是这位被性别拖累的将军未能战死于沙场，却黯然自绝于他乡，这真是相当无聊的想象。"谥孝烈"的说法也离谱，皇帝在逼死有功将领后，怎可能再给她定成"孝烈"？"风评"被害的或许不止木兰姑娘，就算隋恭帝杨侑是亡国之君，可他在位期间（617—618），小皇帝十二三岁时，木兰差不多三十岁，难怪人说，亡国之君，众恶所归。

其实，说木兰曾以血肉之躯到人间走过一遭，或是不排除木兰单纯活在传奇中，这两种可能都有道理。前者是古人对美善之事"宁可信其有"的一种赤诚天真。如程大昌《演繁露》卷十六在认定《木兰辞》作于隋唐时期的基础上，不但认为木兰确有其人，而且依据唐人的诗作提及木兰姑娘与木兰庙，认为木兰应是隋唐人：

或者疑为寓言，然白乐天《题木兰花》云："怪得独饶脂粉态，木兰曾作女郎来。"

又杜牧有《题木兰庙》诗曰："弯弓征战作男儿，梦里曾经与画眉。几度思归还把酒，拂云堆上祝明妃。"

既有庙貌，又曾作女郎，则诚有其人矣，亦异哉！

这无异于迷信唐人笔下无虚言，笃信诗歌即真实。宋人采取的认定标准如此宽松有些难得，或许也是因为木兰故事的魅力令人难以割舍。

梁海燕老师则从欣赏传奇故事的角度，持宽容态度：

《木兰诗》具有民间故事的基础，无论讲述者还是听众，都有一定猎奇心理。为了"传"其"奇"，对人物拔高一点，细节之处略加虚构，也未为不可。今天听故事的人，大没必要在那些"传奇"的地方，非得考究一下真假。

这样一来，从乐府诗歌中，众人的想象里自会浮现不同、不同民族、不同籍贯、不同姓名与不同境遇的女战士。源自民间、带有传奇色彩的木兰故事，注定一方面笼罩着一层又一层的疑云，另一方面，因其留白和演绎而更添艺术魅力。

雌雄

木兰其人的虚实难有定论,但木兰显然成了"女扮男装"的代表。除木兰外,能做到"冒为男装"的女士还有:

《南史·崔慧景传》:东阳女子娄逞,变服为丈夫……遍游公卿间,仕至议曹从事。

《北史》:杨大眼妻潘氏,当游猎之际,亦戎服,大眼指谓诸将曰:"此潘将军也。"

《太平广记》:张詧为郭汾阳所任使,詧既殁,其妻……乃伪为丈夫衣服,称詧弟……累兼御史大夫;

五代西蜀女子黄崇嘏,亦诈为男入仕宦。

关于娄逞、杨潘氏、张氏、黄崇嘏,《听雨楼丛谈》卷七列举她们,意在讨论一个成功变装的前提,即扮男装者不宜裹小脚。否则,步态不同,再如何乔装也分分钟露馅。由上述唐五代以前的例子可反推，女子缠足之习，并非古来有之："凡此冒充男子者甚多，亦可证古之宦族皆不裹足矣。"确实，这又是一个不易被关注的点，怪不得明清好多女扮男装的人出身贫苦——没条件裹脚，倒多了个选择。

除了"冒为男装"，还有"诈为男子"的，王世贞《弇州四部稿》卷一百六十四也列出一批"女子诈为男子而有官位者"：齐扬州议曹录事娄逞，唐昭义军兵马使、国子祭酒石氏，朔方兵马使、御史大夫孟氏，蜀司户参军黄崇嘏。

既包括前面提到的娄女士、黄女士，又新增了石氏和孟氏。杨慎《升庵诗话》又有女校书薛涛、女进士林妙玉。

说回木兰，如先有人物事迹，再有诗歌传播，则隋唐之诗有可能取材于前代之事。而北朝的鲜卑姑娘木兰氏，在成功扮男装方面，或许更有说服力。梁老师为此引用了《李波小妹歌》里对李雍容的描写，"褰裙逐马如卷蓬，左射右射必叠双"。也就是说，木兰未必姓花，她的身形和长相也不一定袅娜如娇花。"将军百战死，壮士十年归"，她既是生还的壮士，也是能带兵打仗的将领，兼具意志和体魄，她的成功不正是"数千万年所磅礴郁积之奇气"和"不以性别论英雄"？

所谓"巾帼英雄""女状元""女进士"之类强调特殊性、例外性的称谓，不论在史实还是戏文中，都耐人寻味。究其实质，满朝文武都由男子做，"朝为田舍郎，暮登天子堂"的读书正途与朝堂上的功名利禄，几乎不对女子开放。即便有女性

三、真假

想体验一把，但因无法撼动成规与成见，女扮男装竟成了没有办法的办法。虽因其过程艰辛和风险极高且少有人成功而往往被传为佳话，但那些以变通方式暂时打破这种"默认设置"，从而设法当上了官、带上了兵的女性，若回到女儿身，也没有机会真正建功立业。换言之，她们的行为也被认为是一种"欺世盗名"。

较真起来，同样是千辛万苦完成救父一类"不可能的任务"，缇萦与缇萦的效仿者中，以真情、示弱而感天动地者居多，而木兰与"再世木兰"的经历中，传奇色彩与冒险精神则是浓墨重彩的一笔。后一类这些特点多半因为在性别与身份上加了一层伪装，换言之，就是她们都"诈"或"冒"为男子。"谎言"在后面还会专门讨论，以下先介绍"变装"与"变性"。

先看变装。清初张潮辑《虞初新志》，收录两百余篇传记，卷五有黄始所作《山东四女祠记》，以明清之人口吻叙汉代之事，皆因作者途经一座破败萧条的古祠，留意到其中的塑像特别之处，由此发现了被藤蔓苔藓遮蔽的石碑，遂从这成化年间所立之碑中了解了祠堂的来历。

塑像共六个人，中间一对是老夫妻，衣冠服饰"咸非近世"，看着不是时装，两旁四人则是男装女相，"虽儒衣儒冠，而修眉皓齿，皎若好女子"。据碑载，这是汉景帝时的一家人，父亲姓傅，五十多岁，生了四个女儿，没儿子。女儿们都明慧知礼,但老父亲却仍有遗憾。五十大寿时闺女们来贺寿祝酒,老父亲却说"吾五十无子,奚寿为"。他觉得自己白活了,不高兴。四女虽然伤感,但看得通透,遂下决心"代子养父母":她们明白父亲不满意的并不是她们的人品秉性,只是担心女儿总得出嫁,嫁出去就成了别人家的人,没法像儿子一样给他养老,"父期于子者,为终养计也";抓住了"养儿防老"本质,她们就表决心,"儿即女,亦可代子职,养父母,父母其勿忧",虽为女子,但儿子能负责的自己也能解决,为了全心全意给父母养老,四女一起发誓终身不嫁。老傅寿辰的第二天,四个闺女就都换了男装,开始读男子的书,像男子一样出门走动,继承父亲的乐善好施,"德化洽于乡里"。这一家的不寻常,还体现在庭前古树上,古柏"叶生龙爪,树身生鳞,金色灿然",乡里人自然惊叹,说这是傅家女儿们孝心的感应。就这样过了31年,树的真正功能显现出来了,"一日,天神鼓乐降于庭,树化为龙",金色的树变成金龙载着这一家六口人升天了。这样的家庭自然是受乡里瞩目的,当地人就在树的位置建造了祠堂即"四女祠"来纪念这一家子。

相比有人靠魔法般的变性来娶妻生子完成为父母养老的大业,傅家四女只是易装以明志,似乎现实一些。但明眼人可见,四女祠中的超凡与巧合可不少,不能说是有意扯谎,至少也是美好期待吧。或许得感谢做碑文者、故事的创作者与传播者,只报喜而不存疑,成全了四女的美名。

80

三、真假

　　黄始和张潮对这一故事各有几句意味深长的案语。黄始是亲眼见过古祠和碑文的，他虽喟叹千年以后，"孝感之报，徒得之于荒烟蔓草之中"，但他对"孝"的信仰显然是坚定的，因为他后来"遍考东国舆图记载，都无所谓四女祠者"，可见下了一番功夫。就算是个孤证，可既然祠堂就在那里，他见到了，就说明自汉以来千余年，古人轶事不乏湮没不传者，但到底能被有心人发现。他写下《山东四女祠记》，也是为了延续这一故事。

　　而张潮辑录此篇，自然有助于故事流传。他的感想一方面回归到对孝的常规理解，即说到孝女就会以知名的人物事件类比，比如提到了缇萦上书等典故；另一方面，他看到了四女的难得之处——缇萦独自上书，"只一人耳，不难自行其意"，而四女携起手来放弃婚姻，坚持三十一年不嫁，"四女同心，尤为仅见也"。一个不嫁和四个不嫁，哪个更难？这样想来，从全体不嫁到全家飞升，其传奇程度不亚于后面女变男的"大变活人"。

　　下面两例，都是颇具超自然色彩的变性轶事。

　　光绪朝李庆辰《醉茶志怪》卷二《女化男》提到的孝女，感动的不是法官、皇上，而是"天"：同样孝、诚，这位待嫁女子比缇萦与木兰直接——为了满足"老而无子"的老父母传宗接代的心愿，得天神助而变性为男、娶妻生子。

邑有孝女某,已许字于人矣。其父母老而无子,日以嗣续为忧。女抑郁不乐,遂日夜虔拜北斗,诚敬有年。一夕,神降于庭,赤发朱髯,面貌狞恶。问何所求,女对以愿化男子,以承宗祧。神颔之,遂不见。

天神不发一言,但彰显神通,直接改造了孝女身体。她"次日觉腹中暖气蒸蒸,下达隐处,扪之,则阳在下也,俨然丈夫矣"。这真是既"聊斋"又科幻——睡梦中变性,而且是无痛的。可想而知,如果她是小脚,估计也顺带被改造了。

这样离奇之事,竟成为解除婚约的理由。孝女变性之后的孝子,跟从前的未婚夫家里说明,于是这婚就不结了:"言其情于婿家,遂绝婚。好事者以其婿之妹妻之,生二子,奉亲终老焉。""好事者"不知是谁,但前亲家竟然又成为亲家,"前孝女今孝子"娶了前未婚夫的妹妹,还生了两个孩子,看来变性之事不假。

之所以会记下这种事,自然有其理由。作序者云"事有难言聊志怪,人非吾与更搜神"。窃以为既然是"志怪",看看就好。比如为何天独怜悯这位孝女,又为何派一位毛发赤红的神(赤发朱髯),都不必问,要紧的是对此事信以为真的人的良苦用心。醉茶子曰:"女岂木兰、缇萦之流与,何其志之诚也?夫诚能格天,况诚而出于孝,天有不悯之者乎?而造物之巧,卒能易巾帼为须眉,盖许其孝而成其志矣。若非孝,则人

三、真假

妖耳,又何足贵?"虽说事若反常必为妖,但如果是至诚之孝就不一样了——是天成全孝。愿意信以为真的人认为既然孝女能得偿所愿成功变性,自然是感动了天,必定是出于至诚,好一番循环论证。

同样是清人笔记,《广东新语》卷二十八《怪语》之《孝陈》,结果也是女变男,过程则很曲折。

> 孝陈者,恩平文安寨人,不知其名。人以其始为女而终为男,不可以复女之,而掩其今之为男也;亦不可以竟男之,而掩其昔之为女也。于是但称之曰陈云。

也就是说,此人曾经是女性,后来变成男性,找不到合适的称呼,但其特点是孝,就叫"孝陈"。我们分阶段来称呼这个人。

首先是陈女士阶段。她恨自己不是男子,本来想终身不嫁,侍奉父亲,但父亲强令她嫁了人,她出嫁后也经常回娘家探望父亲。跟醉茶子讲的那人不同,陈是在经常路过的荒山野岭的乌风大王庙里哭着祷告,开始一直没效果,某日吃了供坛前的山果,昏迷数日,还隐约梦见了"手术"过程。

> 陈及笄时,以其父贫而无子,将如北宫婴儿之所为,不嫁以养。其父强遣之,陈时时提持酒食,归饷其父。虽

大风雨,崎岖山谷,豺虎之间弗少避。路有乌风大王者,祷之,祷已而哭,哭辄失声。痛其身之女,不幸而不为男,使其父老而无依也。一日匍匐坛前,见有山果随流,拾食之,得疾。迷闷数日,梦有人以刀截其下体而接以他体者。

接下来是陈先生阶段。昏迷在庙里的陈女士大概后来被丈夫找到并接回了家,做了奇怪的梦后惊醒,就变成了陈先生。陈某"惊寤,则居然男子矣",而她的丈夫把这事报给了王将军,将军也相信这是孝的功效,发下奖励,"命麾下给养其亲"。陈女士的丈夫则不知所终。"未几,文安寨破,蕃王得陈,怪之,配以女子,而使掌管鹿园,于是陈又为人夫焉。"陈先生后来还娶了妻,这下应该可以奉养父亲了。

记录者的案语态度鲜明:孝,逢凶化吉,一切皆有可能。如屈大均的案语所言:

> 甚矣哉!天固无不足于人,而人尝不足于天。人固无不足于人,而人尝不足于人。夫苟足于天,虽女而男之可矣。苟足于人,虽妻而夫之可矣,孝陈之事是矣。嗟夫!女而男之,非祥也,则在陈则祥;妻而夫之,非祥也,而在陈则祥,祥则复何怪之与有。

三、真假

我常怀疑这种故事是不是当事人与记录者共同成就了美丽的谎言。[1]若大家都信以为真,简直像集体做梦,玄之又玄。

玄之又玄的变性且不论,冒名与变装的谎言中自保与守节是主要考虑。比如明代史籍中与黄善聪齐名的韩氏,被誉为韩贞女,《玉光剑气集》中记载:

> 韩氏,保宁民家女也。明玉珍乱蜀,女恐为所掠,乃易男子饰,托名从军。调征云南,往返七年,人无知者,虽同伍,亦莫觉也。后遇其叔,一见惊异,乃明是女,携归四川。当时皆呼曰"贞女"。

女在军中,战功几何权且不论,近世理学家最终将木兰形象置于"贞女"之下,而韩氏自然也要被置于这种评判之下。她背井离乡,七年伪装,战友不知——在外人眼中,这算是有过人之处了。

倘若把这些变装、变性成功甚至得神鬼相助的人,看作支持木兰有原型的"正方"。那么,无法通过变性、变装改变命

---

1. 当事人女扮男装的"说谎"动机,也许来自不得已和不服,即不接受因为种种限制而做不到某些事,为了冲破限制,只好说起谎来。虽然"善意的谎言"尚不至于颠倒黑白、陷害无辜,但从变装乃至变性的弄假成真、以假乱真,除了骗外人也骗了家人,本质上是跟自己较劲。至于记录者,则大概是为了从各种离奇的故事中提炼出高悬于天上又无所不能的"孝"的抽象力量。

运，或者骗不过外人、过不了难关、走不出残酷命运的例子，或可看作"反方"。木兰之所以为木兰，怕不只是一袭男子装扮那么简单，假如没有相应的实力，纯是弱质闺秀，遇到横暴，有活路吗？

来看收入《清诗纪事》的一组诗：

深闺日日锁鸾凤，忽被干戈出画堂。弱质难禁雁虎口，可怜魂梦绕家乡。

绣鞋脱却换鞴靴，女扮男装实可嗟。跨上玉鞍愁不稳，泪痕多似马蹄沙。

江山更易听苍天，粉黛无辜实可怜。薄命红颜千载恨，一身何惜误芳年。

翠翘惊跌久尘埋，车骑辚辚野暂来。离却故乡身死后，花枝移向别园栽。

吩咐河神仔细收，碎环祝发付东流。已将薄命拼流水，身伴狼豺不自由。

诗中说了"女扮男装实可嗟"，因为作者身不由己而"忽被干戈出画堂"，是羊入虎口"身伴狼豺"的无力抵抗，更是"江山更易听苍天，粉黛无辜实可怜"的极度哀怨。作者据说是张氏，终年十七岁。据计六奇《明季南略》：

三、真假

> 乙酉四月，清兵破扬州，豫王部将掠张氏至金陵，以珠玉锦绣罗设于前。张氏弗顾，悲泣不已。既而部将随王北上，张从之。出观音门，将渡江，密以白绫二方，可二尺许，楷书《绝命诗》五首于上，乘隙投江以死。尸浮于高子港，为守汛者所获。

张氏女是被掠走的，穿男装并非自愿。她日日惊恐，死志坚决，唯有等待时机。从诗里看，除剖白心迹外，她仅剩的念想就是回到故乡。

又有记载，女诗人绝笔诗自序："乙酉六月一日，遇难宝林庄，彷徨无地，洒泪而书，以为异日访寻之具，广陵十七岁女子张氏泪笔书于方顺桥店中。"

计六奇听说的版本中，还有关于这位女子自尽的后事：

> 其诗跋云："广陵张氏题。有黄金二两，以作葬身之费。"遍体索之，无有也。已而于鞋内得之，盖密纫于中者。众以此金易银葬焉。康熙四年乙巳六月七日，予在六合，得阅其诗，并闻其事如此。

当不了木兰，救不了家人，甚至自己的命运只能在要么速死要么忍辱偷生中被迫择一，这样的女性无疑不在少数。感人至深甚至感天动地的《列女传》背后，是千千万万"弱质难禁瞿虎口"、零落成泥碾作尘的人。冯梦龙记后人有诗赞云："缇萦救父古今稀,代父从戎事更奇。全孝全忠又全节,男儿几个不亏移?"要成为木兰,难。

是非

除了给战场归来的木兰指定"孝烈"结局,或是相信孝女诚意足可感动鬼神,使之变换性别,导致文人编写的女性传奇易失真的原因往往是以赞誉掩盖反思。可归纳为两点:赞颂治家的美德,但忽略受损的弱者;讴歌爱国的忠诚,但不问为何而战。

前者,仍要从牢狱说起——比如王藻妻的故事,看似平和有序的公堂与家中,也时常出现无谓的牺牲。故事的主角是丈夫王藻——一个收受贿赂、操行有瑕但结局还不错的狱官,也可看作夫妻共进退的"双主角故事"。以下是宋代洪迈的笔记《夷坚志补·保和真人》关于故事的记载:

潼州王藻,不知何时人。为府狱吏,每日暮归,必持金钱与妻,多至数十贯。妻颇贤,疑其鬻狱所得。

王藻这个狱吏，工作是管监狱、审犯人。有阵子他天天拿钱回家，多的时候还真不少。妻子倒是贤惠不贪，只是担心丈夫"鬻狱"，也就是怕收黑钱，闹出事来。妻子没直说，但给丈夫筹划了一次难忘的经历。

尝遣婢往馈食，藻归，妻迎问曰："适馔猪蹄甚美，故悉送十三脔，能尽食否？"藻曰："只得十脔耳！"妻怒曰："必此婢窃食，或与他人，不可不鞫！"藻唤一狱卒，缚婢讯掠，不胜痛引伏，遂杖逐之。

她找了个婢女给丈夫送午饭，等丈夫回家后故意问他，"中午的猪蹄很美味，您吃完了吗？"当她发现丈夫描述的菜量和自己让送的菜量有出入时，立刻开始"表演"：认为一定是送饭婢女偷吃了或送人了，生气地告诉丈夫婢女有问题："不可不鞫！"狱官家里竟然出了贼，必须审一审——私设公堂。在家审讯的条件都是现成的，可谓不审白不审。丈夫直接从单位找了个狱卒，捆上婢女，一番拷打，小丫环屈打成招，被主人"杖逐之"，也就是体罚婢女后解雇了她（估计也没给工钱）。

妻始言曰："君为推司久，日日持钱归，我固疑锻炼成狱，姑以婢事试汝，安有是哉！自今以往，愿勿以一钱来，不义之物，死后必招罪咎。"藻矍然大悟，汗出如洗，取笔题诗于壁曰："枷栲追求只为金，转增冤债几何深？从今不复顾刀笔，放下归来游翠林。"即罄所储散施，辞役弃众学道。后飞升，赐号保和真人。

冷眼旁观婢女被打、被罚、被赶走后，妻子这才对丈夫讲明白：之前是用婢女试探对方呢，要不百姓多容易被冤枉，官吏多容易被误导啊，眼前例子摆在这儿，收受不义之财难免酿成冤案，让丈夫今后千万别收钱。丈夫恍然大悟，题诗隐退。

据说后来这位狱官散尽家财，夫妻二人得道。[1]这结果，怎么看都不对劲。哪里不对呢？夫妻俩无功受禄，损人利己，这样的结局就不对。表面上，王藻妻被誉为"以术感悟其夫"，规过成德，王藻好在能"由浊以入清"（"浊"，也就是他确实"鬻狱"，没少"锻炼成狱"），改过自新；暗地里，这两口子冤枉人却颠倒黑白，没退赃款却能得道，便宜占尽。

---

[1] 王藻这种人能被赐号，是因为遇上了北宋末年那位好道的徽宗皇帝。《舆地纪胜》云："易元子王昌遇，郪县人，夫妻好道，遇异人授丹诀，曰汝宜称易元子，唐大中时登州院市傍碧梧仙去。大观间赐号保和真人。"蒙文通先生在《盐亭县志》书后考辨，"王藻固即王昌遇，其赐号究为政和抑大观，则传闻各异，要为一人也"。据《盐亭县志》，易元子"为东川狱吏，多阴德。遇异人授灵丹于长平山，后仙去"。与狱吏王藻生平对上了："好道"。《夷坚志》里解释了原因，县志里加了一条"异人授丹诀"；至于"阴德"，也许对应着王藻从狱吏任上辞职不干，悬崖勒马。

此事多有转载，其主线无非王藻妻作为"主内"治家的妇女，以家中私事为例，劝谏丈夫执法奉公，虽然不少选本都是以此强调妻子有见识、识大体，但我始终不以为然，她并未明辨是非，做法远未尽善。

在官员总结政绩、整理为政经验的官箴书中，多有提及王藻。清代陈宏谋的《在官法戒录》也引了此事，文字略简化，评曰：

> 放下屠刀，立地成佛，（王藻）其人根器固好，亦赖贤内助之善于点化也。世有昧心取利，剜他人之肉，以供妻子之欢，而妻子亦且喜其夫之善于攫取，共图安饱也，岂知其所从来有大不忍言者哉？

这段评语，无非想表明反腐倡廉要从全家做起。王藻"根器固好"，不知道从哪里看出来的；而将王藻妻的行径说成"点化"，即认为只要能起到规劝效果，用什么样的办法都无妨。

同理，女德教材里收入王藻妻的事迹，则是提倡妻子做"贤内助"。如康熙年间才女李晚芳《女学言行纂·事夫子之道》中论曰：

> 古称妇人不可以贤知先夫子，然规过成德，则非贤智

无以济。人生所以乐，有诤妻也……王藻之妻则以术感悟其夫，始能由浊以入清……数子之功成名立，皆得力于妻为多。可见，贤智之妇，虽不可凌驾其夫，以类牝鸡之晨，未尝不可赞夫成业，以称内助之贤也。

意思是贤智之妻当如王藻妻，妻不可与夫争锋，劝夫、旺夫、"赞夫成业"，又不抢风头。丈夫得力于妻，夫妻共同进步，此乃"诤妻"之效。

清末变法，到了反思旧制度的关头，魏息园编《不用刑审判书》，"叹为治者之用刑不明，痛被法者之已死不可复生"，因而纂集历代"成案之可为法也"，也就是搜集典型案例，竟然仍把"馈窗"即王藻妻劝夫的故事放在开头，而案语从王藻辞职说起："使人入山远遁，谁与治吾民者？然以刑讯为火坑，至于远遁而不返，则凡不遁者可以知警矣！吾之首引此事，用以告夫世人不遁者。"可这反思总归是不够彻底的，下民易虐，苍天怎知？家庭内部的刑讯和冤屈，就不是置人入火坑吗？

对王藻夫妇，我不服之处在于妻子说"不义之物，死后必招罪咎"，那么有前科的狱官王藻轻松辞职去修道，就"活罪可免"吗？妻子要规劝身为公职人员的丈夫莫收贿赂，廉洁奉公，大义灭亲、举报丈夫当然是不近人情的，但为此设计诬陷好人，就是最佳方案吗？我看未必。

"根骨佳"的丈夫有贤妻规劝支持，两口子散尽家财改行求仙时，是否想过给无辜受罚的婢女补偿一二？

估计不会。如果像游戏开局随机分配角色，被虐打的小丫环有可能轮到你自己，你会怎么看这件事和他们夫妇二人？还会赞赏王藻妻吗？

清代人编的《闺训图说》，其中随手便能找出与王藻妻三观、处事原则不一致的例子，其中宋代大儒二程兄弟的母亲"视小奴婢如儿女"，便是代表。程母的理由是"贵贱虽殊，人则一也"。确实，人不是工具，谁都不想无端被责罚。相比之下，王藻夫妇的问题就来了。抛开主奴等级，只论是非对错，小丫环跟王藻夫妇一样都是赤子苍生与国家子民，小小年纪给主人家打工，做错了事挨打就算了，为何没做错事也要挨打，甚至被辞退、赶走？妻劝夫思过改错是她的本分，但冤有头债有主，为何不直接劝丈夫收手或是让收黑钱的人亲身体验一把含冤受苦？她当然不敢，只敢先向弱者下手，再跟着强者沾光。王藻妻是有意选了一个看不惯的婢女，还是随机选了一位，不得而知。倘若不是随便找人责罚，而是找的特定一个，用心无疑更险恶。原文中看不出这婢女之前有什么错，就算有，但偷猪蹄一事上小姑娘肯定没错，可还是逃不过主母构陷。无论是故意挑选，还是随机选的，或家里就这么一个婢女，主人家都是仗势欺人，小丫环含冤难辩。王藻妻出此下策，显然眼中只有贵贱和利害，并不拿下人当人，也并非真正向善，这就好比王藻此前利欲熏心，收钱办事，善恶不分。真是不是一家人，不进一家门。两相对比，更令我想到清代名士袁枚之父袁滨《律例条辨》里感人至深的名句了，说的是卑幼（晚辈）奴婢（弱者），位分低了也不该被肆意折磨，再怎么说他们（更多是她们）"在国家皆为赤子，在天地皆为苍生"——都是人啊，怎么就落入了某些人的套中，成为主母劝夫之"术"的工具人，而且还无辜受责罚并丢了工作！不但委屈无处诉，欺负人的人反倒得了美名。是非之颠倒，令人抱不平。被多人盛赞"贤智"的王藻妻，实在对不住那个可怜的送饭小丫环。

无论是否心存善意，做了就是做了。传统评价体系的吊诡，往往是"一善遮百丑"般地对某些群体格外宽容，使人往往忽略处理方式对某些人有利，对另一些人则有害。比如王藻妻坑了婢女劝了丈夫，又比如闻淑女坑了解差救了丈夫。

《喻世明言》卷四十"沈小霞相会出师表"故事里，沈小霞是蒙冤的忠良，从回目看，算是挂名的"主演"。其实真正的主人公是闻淑女，即沈小霞之妾。全家遭难时，沈小霞只会大哭；闻淑女却决意陪着夫君上路，被押送至京城。路上闻淑女发现解差暗藏倭刀，嘱咐丈夫提防。沈小霞半信半疑，不见刀锋不害怕，最后还是靠闻淑女设计保住了命。她的计谋的确是"诉讼策略"：先由沈小霞假装向冯主事讨债，趁机躲在地道里，然后闻淑女大哭大闹，说两个解差暗害了丈夫，又想要奸污她，闹到官府去，解差被拘留起来。官府找不到沈小霞，仇人（严嵩父子）自然也就害不了他。

沈小霞不容易，在地道里躲了十年，等幕后黑手倒台才出来。闻淑女更不容易，定计谋的是她，表演的也是她——沈小霞一跑了之，可要别人相信丈夫已被害，她既要先发制人指证差人杀人，又要行动迅速击鼓鸣冤，不惜把名声豁出去，毕竟她要演的苦情戏是哭诉差人"欺负我妇人家没张智，又要指望奸骗我"，要显得理直气壮，诉得有枝有叶：差人说一句，妇人接一句，博人同情，令人信服。于是差人被抓，一个监毙，一个逃走。沈小霞逃过一劫。

但即便是狡黠之妾，名节上也要求全——虽为夫君脱险而暂时牺牲清白，但实际上还得从一而终：沈小霞躲藏的这十年里，闻淑女只好在尼姑庵里度日。

闻淑女善于出谋划策，当个讼师似不为过。她智斗差人这一段，放在奸臣残害忠良的背景中，不失为惩恶扬善的巧计，令读者大呼快意。和前面贤妻劝夫事例中存有疑点相似，贤妾救夫的初衷当然是好的，可这手段，严格说来，岂非"诬告"？差人带刀，暴露了他们受指使杀囚犯的阴谋，但尚未成功；而闻氏的诬告，致使差役之一有口难辩，死在狱中，她岂非"杀人不用刀"？

离开后方，转向战场。是非对错间的疑问也不少。比如从杞梁妻的家庭与命运被颠覆追问杞梁（也名杞梁殖）为何而战，同理追问缇萦为父亲求的"自新"究竟是不是"自新"，木兰代父从军打的是什么仗等,其实这些追问都是在体会"礼"与"情"的过程中,不能不保留的理性。

不少人说孟姜女的原型是载于《列女传》的杞梁妻。这位齐国的女士依旧没名字,史家便用"某妻"来指代她,而她的故事,恰如杞梁之谐音词"凄凉"一般凄凉,她留名、丧命,都是因为"杞梁妻"这个身份。清人爱考据,如《通俗常言疏证·家族》中列了不少有关家长里短的俗语,而孟姜女这条,又引了俞樾《春在堂随笔》中的辨讹[1]。

俞樾在排除了秦代"孟姜女为杞梁妻"的可能性后,沿着汉代"范郎妻"这个线索又提出一种假设。[2] 最后结论是,孟姜女哭倒长城的故事,可能是从很多史料中取材再拼凑而成,

---

1. 相传暴秦拉人修长城,范郎之妻孟姜给做工的丈夫送寒衣,"至城下,闻夫死,一哭而长城为之崩"。于是学者纷纷想知道范郎妻什么来历。往前找,不难读到唐代僧人贯休的诗《杞梁妻》:"秦之无道兮四海枯,筑长城兮遮北胡。筑人筑土一万里,杞梁贞妇啼呜呜。上无父兮中无夫,下无子兮孤复孤。一号城崩塞色苦,再号杞梁骨出土。疲魂饥魄相逐归,陌上少年莫相非。"这自然给人以错觉:杞梁妻哭崩了秦长城。但明朝顾炎武《日知录》里比较了儒家经典《左传》《孟子》与汉代刘向的《列女传》和《说苑》,足证杞梁夫妻根本不是秦人。

2.《汉书·匈奴传》中提到有座范夫人城,应劭解释筑城的本是汉朝将领,"将亡,其妻率众完保之,因以为名",难得有妇女率军守住的城,所以就把它叫作"范夫人城"来纪念她这一丰功伟绩。范夫人、范郎妻,这不就是"某妻"的不同表述,会不会跟孟姜女是同一人呢?但正如杞梁、杞梁妻是齐人而非秦人,范夫人及其丈夫是汉朝臣民,她留名靠的是"夫死而完保其城,非夫一死哭崩城",还是与孟姜女对不上。

所以有些部分像这个，有些部分像那个，以至于并没有真实唯一的原型，类似于木兰的故事。

烈女活成了典故，历史变成了民俗。从原型到变型，从不哭到哭，从哭倒城墙到哭倒山，民间传说多强调主角无依无靠和痛哭流涕，一再夸张。但从《左传》等原始材料看，"庄公袭莒，殖战而死。庄公归，遇其妻，使使者吊之于路。杞梁妻曰：'今殖有罪，君何辱命焉？若令殖免于罪，则贱妾有先人之弊庐在下，妾不得与郊吊。'于是庄公乃还车诣其室，成礼然后去"。青年丧夫的杞梁妻不但敢哭，更因明礼而敢讲礼，她的"知礼"与丈夫的尽忠与赴死，都为这对夫妻的命运增添了悲剧性。

从《左传》的记载来看，有学者分析杞梁"身世变幻"，认为"杞梁并不是齐国军队中有名有权的将领，在此前伐卫伐晋的战争中，他没有露面，更没立下更大的功劳；顺便袭击弱小的莒国，杞梁才有露脸的机会，作为前锋夜入且于之隧；不料莒国早有防范，不仅袭击未能得逞，杞梁还在战斗中牺牲"[1]。相较《左传》，《列女传》里已经对故事始末做了不少删减，但从"庄公袭莒，殖战而死"这八个字，还是能看出战役的性质——与其说是保家卫国，不如说是唯上所欲。

---

1. 肖波：《从齐讴到孟调：情理较量之间的姜女之哭》，载于《华中学术》2016年第3期。

三、真假

王夫之《续春秋左氏传博议》卷上有"华周杞梁"条，阐明智、仁与勇的不同层次，区分君子之勇与勇者之勇的境界高下。王夫之不否认勇者之勇的意义，但也明言，"齐庄公之好勇而致勇士，夫岂足与言道义哉"！

既然"春秋无义战"，作为将士能不战乎？能不死乎？丈夫杞梁死后，妻子心中是否也曾翻涌过此类问题？只是面对庄公，她能较真的只有丧礼，好从谨守礼节中体现丈夫奉公而死——此时哭又有何用？

至于《列女传》编者的发挥，主要是在"君子谓杞梁之妻贞而知礼"基础上，呈现一个明礼较真、认为没了丈夫就像天塌了下来的女子形象，在其临死前还进行了这样的概括："妇人必有所倚，父在则倚父，夫在则倚夫，子在则倚子。"她自觉"上则无父，中则无夫，下则无子。内无所依，以见吾诚；外无所依，以立吾节"，不能独活，只能去死。等把丈夫安葬了，她的人生就到头了。于是她"枕其夫之尸于城下而哭"的主旨不是命运不公，而是无所依靠。

肖波老师《从齐讴到孟调：情理较量之间的姜女之哭》一文把握了史料中关于杞梁夫妻情感或立场的变化：杞梁妻"由守礼而不哭，到动情而哀哭，以齐讴歌哭承载无依无靠、孤苦绝望的丧夫之痛，情的宣泄战胜了礼的约束"，而杞梁则"从平凡的战士逐渐演变为坚强果敢的武士、重名节的壮士、不甘人后的勇士、立场坚定的义士"。由此可追问：是谁发动的不义之战让战士白白丧命，让战士妻子孤苦无依随夫而去？家破人亡这笔账，该不该记到齐庄公头上？杞梁妻哭杞梁，被杞梁杀死的莒国人，更不知道要哭多少场。

齐庄公最终死得不堪，似乎是为他的贪欲付出了代价，但因他扩张争霸而牺牲的性命，终究无法挽回。虽说将士服从命令身不由己，但对于赴死者一腔忠勇，不禁想问：他们是否死得其所？由此造成类似杞梁妻自尽的连带伤害，又是否值得？在家与国之间，不宜苛求个体能始终保持正确的站位，但还是要对美名美德背后、奇人奇事中的是非对错，多少有所察觉。

诚伪

抛开性别成见，公允来看，挺身而出的救父者，无论男女，必是义勇之士。巾帼与英雄本是一回事，而且列女、孝义、勇士、英雄等，都还是方便归类的标签。要贴"标签"，难免对人性做减法，把人物扁平化。还原来看，除了上述"荣誉称号"，担负助人和救人大任的他们，很多还都是成功的"演员"——成功的路上如果需要算计和伪装，他们几乎会毫不犹豫地去做，只是说谎等行径往往被正当理由和善良目的掩盖。

此外，让真假与是非扑朔迷离的，不仅有行动者的谎言，还有记叙者的谎言——将事迹化为文字时的有意为之，譬如"说真话但只说一半"，又如认真赞美一方而彻底忽略另一方。这些技法，都可以看作隐蔽的、特殊的谎言。

至于听众和读者，能识破这些吗？还是说，即便存疑，但为了某些目的，人们也还是会设法参与这场盛大的表演——从

谎言中分一杯羹？

比如舍命救父，是虚情还是假意，本难探究。明遗民王夫之读史，长于反思，曾借题发挥说过"君王的试探"。《读通鉴论》卷十七提到《梁书》中载吉翂"请死赎父"事，其中君、臣、民的表现都相当有戏剧性：君王这边，梁高祖给廷尉卿下令，认为这求情的小孩虽有孝心义举，"但其幼童，未必自能造意，卿可严加胁诱，取其款实"；臣下奉行君命；而小民吉翂没给试探者任何机会，完美应对，终于得偿所愿，吉家父子平安。然而，威逼利诱下岿然不动也是有代价的，"（吉翂）以父陷罪，因成悸疾，后因发而卒"。

王夫之引申说，面对救父一事，世上众子女的常态化表现大抵是"不畏而不敢"：

> 缇萦、吉翂之事，人皆可为也，而无有再上汉阙之书、挝梁门之鼓者，旷千余年。坐刑之子女，亦无敢闻风而效之，何也？不敢也。
>
> 不敢者，非畏也，父刑即不可免，弗听而已矣，未有反加之刑者，亦未有许之请代而杀之者，本无足畏，故知不畏也。
>
> 不畏而不敢者，何也？诚也。平居无孺慕不舍之爱，父已陷乎罪，抑无惊哀交迫之实。

不畏，是一人做事一人当，犯法者才受刑，不犯法者不必主动揽过。王夫之说，"不畏而不敢"是对父亲爱得不够——但他也暗示了，这才是大多数子女的选择。的确，倘若每个犯法的长辈都牵连出求情的子女，审判机构早就崩了。

这样说来，除去自私的常人，又畏又敢从而做出非常之举者，一定是怀抱必死之心的非凡之人。既然怀必死之心，其情意都做不得假。这种状态无愧于天地：

> 当其挝鼓上书之日，而无决于必死之心，青天临之，皎日照之，万耳万目交注射之，鬼神若在其上而鉴观之，而敢饰说以欺天、欺鬼、欺人、欺己，以欺天子与法吏也，孰敢也？

看起来像循环论证，实则王夫之话里有话。他想说的是，有诚意者无需试探，非要试探的话，从立场和境界上就先输了：难道当权者、试探者不信孝道之至诚吗？还是不信那些自欺欺人者会因"违天而人理绝"而"自绝于天"、自取灭亡？

> 缇萦、吉翂之敢焉者，诚也；天下后世之不敢效者，亦诚也。诚者，天之道也，人之心也。天之道，其敢欺也乎哉！于是而知不敢之心大矣。

所以，缇萦的后来者，尤其是那些虚情假意的模仿者可要小心了：

有效缇萦、吉盼之为者，明主执而诛之可也。

上书救父这事，不畏者未必敢，而敢者亦未必不畏。王夫之说得委婉，想得却深。我猜他该是了解明朝旧事里的乱象，同情受惊吓的孝子的，也如每个具备良知和理智的人一样，看不惯这种以生杀为儿戏的试探——与其把别人吓出毛病来，不如给个痛快。

譬如"法政"一章"皇恩"一节里提到的周琰救父，当权者用装腔作势的严刑恐吓，真能检测出孝子真心之有无？将帝王昙花一现的宽仁变作一场"试胆大会"，分外荒诞。胜出者也许就像刑讯逼供下还能咬紧牙关的人一样，只是能熬，未必心诚；又好比那些因救父而落下病根的可怜人，孝是有了，可代价也很大。救父之子女本可以像元郑氏（元稹之母）那样一生平顺，以才华与美德关爱家人、造福社会；一些少年或还有机会为官，修身齐家治国平天下，实现抱负……可在艰难的任务与沉重的压力下，这些年轻的人才大都夭折了。

谎言被揭穿后所要付出的代价巨大，不仅影响前途命运，还会影响身心。比如前面"雌雄"一节提到的变装，若她们太过沉浸于所扮演的角色，当被迫失去了男子世界中的自由，心情也会更加失落。这种情形可谓"骗中骗""局中局",误人误己。比如《清稗类钞·婚姻类》有一则"陈统领嫁朱记室"。多隆阿自楚率师过荆紫关时,招募长夫。有孤儿陈某来从军,刚来时还小,在后方做做饭喂喂马,长大了就上战场,打起仗来很拼,"颇勇健""每战必奋勇争先",以实打实的战功得到重用,跟着多隆阿一路从"补勇额"升到统领五营的记名提督巴图鲁,可谓实至名归。此后历任总督也都"委任如故"。到了左宗棠接任陕甘总督时,陈某率军驻扎兰州。从未有人怀疑过这员大将的身份。书中也没细说陈某如何掩饰,想来其勇猛精悍,战功赫赫,实力说明了一切。

如果在性别平等的时代,她既是将军,即便是女性,只要称职,仍可"百无禁忌";而在清代,陈某固然胜任军职,但其是在难辨性别的幼童时期以男性身份参的军,欺瞒女子身份,便是有罪。

当她的真实性别难以掩饰时,惊动了封疆大吏,因为她的战功够大、职位够高,保住她就是保住历任总督的颜面,避免朝廷以失察、欺君之罪责备——虽然最初提拔陈某的多隆阿已经死了,但活着的总督还不想背锅呢。于是,上层决定瞒下来。

如何瞒住,这还得说回陈某为何会暴露。原来她与文质彬彬的下属朱记室好上了,有了身孕。陈统领发现自己身形有变,不好再隐瞒,只好找朱某拿主意,朱某建议她求左宗棠。左宗棠跟幕友考量利害:陈统领官做得不小,不是封疆大吏能随意处置的小角色,若是因此而惊动朝廷,就要把前面长官被蒙骗的事抖出来,"历岁既久,漫无觉察……若据实上闻,恐以朦混获愆",左思右想,不如隐瞒。于是有了故事中的最大谎言:统领需由男子做,但又不能随便找个人做,找谁来做统领又能让陈某自愿配合继续"演戏"呢?"不如使朱娶之,即以朱袭其名位而统领如故。朱于是骤贵",女将军只好嫁给了朱某,朱某捡了便宜。上层心照不宣,联手掩盖了这一弥天大谎。这是典型的用后一个谎言(朱记室扮作陈统领,陈统领嫁为统领妻)掩盖前一个谎言(陈家女参军立战功)的行为。

这还没完,此故事简直是个"谎言集"。朱某从人微言轻的底层文官,摇身一变为掌握军权的提督,在身份转换、变得"骤贵"之后现了原形:陈某已不再是他需要巴结的长官,成了只能困于深宅的女眷,"朱复不礼陈"。陈某虽逃过罪责,但也因为怀胎生子而失了权柄地位,本就郁郁不得志,加上发现朱某原来是这么个嘴脸,她倒是干脆,挟资回陕,一刀两断,及时止损,有大将之风。

陈朱关系的变化,也相当耐人寻味。刚好上时,陈某还在任上,用安徽人朱紫光为记室,陈有长官之威,而朱"年少而白皙",陈对朱好,乃至过了界限,招朱来陪睡,军中人也不疑心，只当陈统领好男色，"同事者于黎明时见朱自陈帐中出，咸匿笑，以为朱为统领之娈童也"。若不是陈某后来肚子大了，谁不佩服她的成功伪装！而朱紫光是更高明的伪装者——陈统领伪的是性别，朱记室伪的是感情。前者为了产子而失去统领之位，后者将其挤走后不仅抢了其多年积累的战功，还握住了左总督的把柄。虽说感情纠纷难分胜负，但利益的天平已倾斜得极度明显——夫妻反目，谁是真正赢家？

答案不言而喻：朱某鸠占鹊巢，青云直上，不难再有妻儿，而陈某却无法再回军营，她后来把孩子生下，但孩子不幸夭折了。孤儿陈某，奔波半生，落得孑然一身。她好在不是两手空空离开，除了钱财，后半生也许还有很多的回忆和难改的积习——"陈居陕省时，其装束不男不女，常挟三五健儿出郊游猎以为乐"，适合战场的她，一身本领却已无用武之地。故事末尾说她"后不知所终，闻者目之为花木兰第二"。

书中没提到"贞"，或许是对陈某的德行不以为然。旁人称她是木兰，不是道德评价，而是从她以女子身份上战场获战功居高位的成绩出发。不知为何，她没能贴合"贞女"的评价体系，倒令我放心了许多。不知这位敢爱敢恨的"陈木兰"后悔不？如果再来一次，是会脱下伪装、离开官场军营做回自己，还是远离被揭露的风险继续在谎言中坐稳官位？也许，她恢复女儿身后仍然享受"不男不女"的装束与"出郊游猎"的乐趣,已然给出了答案。

虽然谎言瞒得了一时瞒不了一世,可我们该问的难道不是:到底是什么迫使像她这样的人要说谎,让本来有志向、有才华、有机遇的她们,活在谎言中呢?

四、本事

"妾父为吏，齐中皆称其廉平"，这是《史记》记载的"缇萦上书"的开篇。

父亲做官时，"齐中皆称其廉平"，然而，"今坐法当刑"。这十二个字，家与国，情与法，全都点出来了；姿态又够低，铺垫做得足，既是真情流露、一片赤诚，又小心翼翼，力求以情动人。

下面还有两句，层层递进。论道理，一句比一句到位；论感情，无论是作为父之子女，还是作为天子之民，都显得坦诚、敦厚，柔弱又坚韧；而要是论做法——虽然罪人之女本不配指手画脚，但她给出的，又显得那么合理可行，不强求当权者收回成命，而是留足了台阶，以自己的舍身、代父，换一个从宽、自新。

虽然父坐法当刑，有无冤屈，只在"廉平"处埋伏笔，不再争执，而是退一步，"妾切痛死者不可复生而刑者不可复续，虽欲改过自新，其道莫由，终不可得"。这是全然避开罪之有无的问题，只从承受能力上，讨论刑之轻重，且讨论的不仅是一己、一时的承受，还引申到寻求"改过自新"的机会。由此可见，这一家人虽然当父亲的家长获罪，但毫无怨言，无意反抗，只求牢牢把握住服刑改造的机会。在执法者眼中，这该是"理想的囚徒"吧。

只是这样表明态度，担心还不够，为了表足诚意，上书者必须付出更多。无罪的缇萦，在表露了她的情感、见识后，接下来又表明了她的决心:"妾愿没入为官婢,赎父刑罪,使得自新。"即便罪囚曾经为官"廉平",如今年迈还将受刑值得同情,但天子与法官也许会想:"那又如何?""与我何干?""改过自新"的态度虽正,却也可能引出"照规矩办"的后果。而当一个既服从权威、理解国法,又心疼父亲、为救父不惜代价的小姑娘提出甘愿以身赎父时,上位者也许才会略感惊讶,稍稍动容。别小瞧了这一点垂怜,遇上合适的时机,天子过问的一点小事,落到这一家头上就是宝贵的生机。

"代刑不是易事,求情需要技巧。"(方潇)缇萦上书,约六十字,纸短情长,言简意深,这背后是怎样的功力?她这样小的年纪,又从何处得来这样的功力?具体而言,既然是上书,这六十个字,需要工工整整写出来,她总得识字吧,是谁给她启蒙?能写出这样一份郑重、重要的文稿,她是怎么开的窍?又怎么改成?写与改,还都不是在悠闲的闺房里,而是在她随父至长安一路跋涉的途中,一边保命,一边构思,也许还要一边传递消息、照顾家人、寻找支援……这一切,都是为了能够上书成功。

六十字,是本事;六十字背后,更是本事。少女缇萦有本事(不论她背后有没有帮手),别的奇女子们,也各有各的本事。

文才武略兼节孝

识字

　　文才的基础是识字,以往讲故事的人,也许觉得识字算不上什么了不得的才华,往往忽略了这一点。以缇萦为例,识字大概是她从小掌握的一项技能,在她上书救父时,更成了一件不可或缺的重要法宝。

　　之前我也曾多次怀疑过缇萦是不是全家有意派出的最有胜算的"工具人"——只需表现出一个弱者的柔韧品质和质朴亲情即可,因为年龄更小看上去更弱,所以小缇萦是最佳选择?至于上书的内容,也许是来自年长而经验丰富的亲友团的指点,她只需本色出演,将内容"搬运"到笔下则可?

　　但这种怀疑,并不能排除另一种更符合"剃刀定律"的可能:作为利害关系人,英雄出少年的缇萦,她既自愿又自主,兼具意愿、资格与素质。那么,救父的能力既包括她真诚无私的爱和勇气，不达目的不罢休且不惜代价去争取的决心和毅力，还在于她对代父受刑的理解、构思与呈现——集中体现在书面表达上。

"法政"一章中引用过有关学者对汉代刑制的看法，大意是不合适的刑制迟早要变，汉文帝之前也在酝酿着将肉刑制度改良。但同时，缇萦上书是适逢其时，如果没有这个契机，变化可能出现得更晚，淳于意也就很难赶上。我们暂时搁置淳于意的医生身份和活动能力乃至"政治交易"等推论不谈，仅凭外在表现和结果可证，在其他策略无效时，只剩下最后的险招：缇萦上书。但若上书不成功，也救不了淳于意。

关于缇萦上书的构思和写作方式，可能包含几种可能：第一种是缇萦自己构思自己写，第二种是别人构思缇萦写，第三种是别人构思别人写。

从技术上讲，最有难度的应该是第一种，但最难得的也正是这一种。支持缇萦亲自构思和撰稿的证据，虽然没有达到"排除合理怀疑"的程度，但缇萦所上之书，至少得是她亲笔抄写、不假手于他人的。也就是第一种方案完美，第二种方案保底。而由此也可推断缇萦识字。

王子今教授《秦汉文化风景》（中国人民大学出版社2012年版）一书中有一篇《汉代社会识字率推想》，饶有趣味，文中提到不少我们熟悉的人物，却是以我们不容易想到的角度写的。比如他从陈胜吴广宣扬"大楚兴，陈胜王"的手法是"丹书帛曰'陈胜王'",置于鱼腹,而这种秘密行动必不敢假手他人,"可推知陈胜、吴广这样的普通戍卒,其中至少有一位是可以写字的";汉文帝窦皇后的弟弟窦广国(字少君),四五岁被卖掉,听说窦皇后新立,"上书自陈"与姐姐相认,也侧面说明"这位年幼时就被拐卖、身为奴隶、承担伐薪烧炭艰苦劳作且九死一生的窦少君,竟然是能够识字"的;能上书的牧羊人卜式自然也得会写字。除了这些男子,他也提到了缇萦:"缇萦在长安上书,请别人代书的可能性不大。女子上书,更早有战国时期的史例。"文中还列举了皇室亲族女子、富贵人家女子等,虽都不算是寻常女子,但她们的情况有助于推测当时社会识字者的占比。

对缇萦这个特例,王老师还在《古史性别研究丛稿》(陕西师范大学出版社2020年版)一书的《汉代的女童教育》一文中继续分析。此文第一章就是"缇萦故事":

> 缇萦故事构成中国古代刑法史中的重要情节。我们在这里更为注意的,是"少女缇萦"能够"上书"帝王,并且言语得体,文辞感人的事实。如果缇萦完全没有文化,就不会实现"忧心摧折裂,晨风扬激声"的感染力,也不会使汉文帝"恻然感至情",自然也就不会有废除肉刑的法令……故事不仅体现汉文帝的行政风格,也告知我们汉初女童的文字能力。

四、本事

至于她上书的内容究竟是否为亲笔写成，王教授是这么论证的。首先，他认为"当然不能完全排除他人代缇萦拟写上书内容的可能"，但他举西汉末年吏民中因王莽不受新野田而前后有487 572人上书为例，推断这么多人中应当有相当数量的人是普通百姓，说明"普通百姓上书似乎是汉代政治生活中常见的情形"，也就是说缇萦亲自拟写上书内容并非不可能；其次，他从上书一事"庄重严肃"，出错可能受罚的角度，强调上书者对此事极度重视，并推断缇萦"请人代书的可能性是非常小的"——她有能力独立书写，因而有必要亲力亲为。

诚然，小女子上书，成熟老练未必是关键，关键在于一颗能打动人的赤子之心。缇萦所上之书，完成大于完美，实在不必讲究什么遒劲书法，也不必追求什么华丽辞藻——以情动人，胜在挚诚，过于老成周到反倒有画蛇添足之嫌。[1]因此这三种可能性，其实是在求真与求稳之间不断切换重点，不好说孰优孰劣，只能说各有千秋。

---

1. 比如明清戏曲为了烘托真情流露，常见的桥段是写"血书"，名场面便是一灯如豆，孤女独坐，咬破手指，洋洋洒洒成篇。这基本适用于各类"弱者鸣冤"场合，但我猜测并不适用于缇萦。一来，按人体正常的凝血机制，血书写起来难免有字数限制。若是把一人之血攒起来用，或把多人之血合起来用，场面又未免怪异。二来，尽管后世不乏忠臣孝子"狱中血书"的记载，但汉初仍处在简牍时代，若要讲究内容、确保字迹清晰，在用血还是用正常笔墨的选择上，很明显后者更稳妥。

"别人构思别人写"的第三策虽无实证，但也有其合理性。之前第二章"法政"中曾勾勒当权者决策难以捉摸与把握时机的困难，可以说，能说动皇帝的，一定得说得"正好"：多一句不如少一句，又不能少了关键句。在颂德与诉苦、辩冤与告饶、成规与例外之间拿捏轻重，既要精准，又要适度，除非把一切都归结为"幸运"，否则，谁敢说一个少女的几句话，刚巧就"正好"？

缇萦爱父情切，若是直抒胸臆，容易"真"而"不稳"；反之，若全盘由他人代笔，他人或许更了解天下大势与天子的喜好，但却少了缇萦与淳于意之间的亲情，倒有可能稳而"失真"。"真"和"稳"的平衡之法，便是仔细推敲所写内容，再由缇萦亲笔抄就。

无论如何，既然当时君臣和后世史家都不怀疑缇萦是救父的主力，那么不论过程和细节，有一点是完全可以确信的：说"女子无才便是德"的，怕是全不在理，因为女子临危能"逆袭"，有才乃是大德。

此外，思维训练中的最佳方案，不代表历史人物身临困境时的真正选择；读史虽较真，情感上我却倾向于相信：真的假不了，只有真情最动人。即使少女进京路上与上书之前都得到了亲友的帮助，但要承受风险的是少女本人。若无证据就说她是任人驱使、全无自觉，则既轻视孝义和个人主观能动性，也难免令人联想到假借亲情名义而剥削弱者、指使弱者去卖惨之事，令人难过。在本章后面的"盲从"一节中，还会再说。

也许是上过学，更可能是家教，淳于家的女孩们能读会写（既然最小的识字，大概五个姑娘都识字），有点真本事傍身。那么，跟识字技能相关的另一个问题便来了：缇萦用过的"教材"都有哪些？

《汉代的女童教育》开篇点出，汉代"小学"的教育对象，史籍中看不到明确的性别区分，但可推知的是"就教育资源的社会分配，教育机会的获得比例来说，一般情况下，男童优越于女童"，"汉代女童教育包括文化知识传授、道德修养引导，以及生活技能训练等"。有著名的成功典型，也有强调"母师"的意义，即"女童教育影响了妇女生活的品质，也因知识女性对子女的教育,实现了文化的世代传承"。[1]

还要纳入考量的是教育中专为女性树立道德标杆的女德内容。《后汉书·列女传》收入曹娥和叔先雄两人,其中曹娥沿河号哭寻找溺死的父亲尸体,"昼夜不绝声,旬有七日,遂投江而死",年仅十四岁。至于叔先雄,则在父亲泥和于出差途中溺亡之后心有死志,终于趁家人放松警惕,乘小船到父亲落

---

[1] 王子今老师此文第一节讲过缇萦的故事,第二、三节分别是"'能史书''善史书'"女童(多出自上层社会)与"平民家庭的女童教育",第四节是"'女德'教育与'少习仪训'典范",第五节则从年七岁即被"收"并被杀的孔融女事迹中综合考察女童的政治意识、世事判断、人生态度,称其遭遇家变、不惧死亡的明智与镇静,是基于一定的知识积累。并从南宋学者林同《孝诗》有缇萦、孔融女两首,组诗题"妇女之孝","表现了后世人对这两位奇女童的深刻记忆",说明在孝心和勇气上,有人认为二女可以相提并论。他从"覆巢毁卵"之名句中的卓识,引出了第六节"女童的历史知识与历史感觉",引《汉书·食货志》"八岁入小学,学六甲、五方、书计之事"及顾炎武的解释,称不能确定其中是否包括历史知识,"但当时包括女童在内的受教育者能够得到历史教习的基本条件,是确定无疑的",生活技能方面,女子则受诸多限制。第七节是"'习女工'要求",例证包括《后汉书》中邓皇后未嫁在家时"昼修妇业,暮诵经典",梁皇后"少习女工,好史书"等。最后第八节是"成功的女童教育与文化的世代承续",举了班昭(曹班氏)与班昭丈夫之妹曹丰生有"历史上少见的女子相互进行学术文化辩论或道德伦理辩论的故事",整理班昭论著的是她的儿媳丁氏(曹丁氏),说明女子间的文化关系。又叙述邓皇后邓绥事迹,她入宫后以皇后特殊身份组建学术团队,促成后宫学习风气,表明有女子重视文化事业。又论及钟会之母对治学有独到心得,给钟会制订的学习计划应是以她自身学习经历为模板的。这些都说明"汉代女童教育考察因而可以作为社会史研究、教育史研究、未成年人生活史研究值得关注的学术视角"。

水之处投水自尽，后托梦给弟弟，果真"却后六日，当共父同出"。但她死前，已生下两个孩子，一男一女，她给孩子留了纪念之物并说了诀别的话，但还是要赴死去寻父亲的尸体。王子今教授写道，曹娥载入史册，"可以看作女童遵循'孝'的原则的道德标范。两位'孝女'均得'立碑'，她们的事迹又成为更广大社会层面女童们道德修养的榜样"。[1]

至于明清歌颂列女之"盛况"，《追怀生命：中国历史上的墓志铭》（上海古籍出版社2021年版）书中指出，"这种贞节崇拜被国家旌表制度奖励，被文人学士歌颂妇德典范所提倡。目前的研究也显示，科举竞争愈激烈的地区，产生愈多贞节烈女的传记。当男性难以借由取得官职来提升家庭地位，他们可能会愈加利用提倡族中妇女德行来光耀门楣"。书中收录一篇对毛奇龄为殉夫之戴氏所作墓志铭的解读，儒士毛奇龄这样写道，"观烈妇所为，可以返己"[2]，然后说到他自己少入乡学听到

---

1. 比如梁皇后"常以列女图画置于左右"，据李贤注，"列女图画"就是刘向撰的有配图的《列女传》，其中收录了缇萦故事。顺烈梁皇后，"永建三年，与姑俱选入掖庭，时年十三……在位十九年，年四十五"，她于阳嘉元年立后，建康元年守寡，无子，先后立冲帝、质帝、桓帝，太后临朝，至和平元年归政于帝。

2. 毛奇龄下笔婉转，营造反差，"自陶唐以后，赵宋以前，凡忠臣孝子，弟弟信友，往往为非常之行、过情之举，以径行其志。进无所顾，退无所忌，无一不与烈妇之所为相为合符"，然后说后世讲学太多，务求中庸不过度，以致"忠孝廉节，举足有碍，虽以二宋之惨烈，君亡国破，而讲学之徒，无一人为之死者"。这个归因，非常恣意。

"埋儿刻木"一类的劝孝故事时心有戚戚焉，决意效仿，却被别人以"埋儿断嗣，刻木虐邻，即为不孝"为由训斥，导致他感慨"迄于今五十余年，卒不得为孝子、为弟弟者，一言之误也"。据说毛奇龄晚年改变立场，不赞成为未婚夫殉情的贞女，至康熙五十年（1711）甚至后悔写过这一墓志铭。从他所作墓志铭来看，吴戴氏想殉夫，挣扎了42天，千方百计寻死，才终于离世，如她婆家人说，"烈妇每求死，则每救之。然而多一救，则多一苦，至苦极，则罔救矣"，死得相当惨烈。毛奇龄后来"担忧过于表彰贞节烈女，会使人们起而效尤"。其实在这篇墓志铭中，他已表达对女性殉夫的忧心。但此墓志铭基调还是颂扬。虽然把这种惨烈记录下来，给后人多了些凭吊和反思的材料，但在礼教的天地里，榜样树得越多，就会产生越多要求女性节烈的推力。

烈妇如此，孝女又岂能不如此？她们在人生各阶段都逃不出"楷模"之尺的规训。一定程度上，楷模即枷锁。更何况，评价殉夫者，尚可从已嫁、未婚等角度作细分和反思，但为人子女，楷模之尺几乎是无法挣脱的。从这一角度看，劝孝的压力，也许更纯正。于是，先秦以来缇萦们固然有了识字的本事——这本是一项可用来踏上开阔视野、了解世界丰富性和生活多样性旅程的重要技能，却先要读进去各种舍己为人、舍生取义的女德故事，随着故事和条条框框越积越多，她们要在越发狭窄的天地中，用越发崇高的标准不懈地要求着自己。

从这个角度说，缇萦的上书，无论是她自己撰稿、与人合作，还是被动抄写，都无法看作纯粹的独立行为。女性榜样的力量构成了缇萦行动上的推力，后来，她自己也变成了榜样。

时间推进到明代。如果西汉缇萦的故事给人以"爱拼才会赢"的希望，那么明代李玉英的故事更加一波三折、欲扬先抑，突出了孤女玉英坎坷的身世、命运，既被才华连累，又能用才华救命。在明清下层文人看来，恐怕这个故事从多个角度看都相当过瘾——戏剧性有了，正能量有了，甚至"可操作性"也有了。所以李玉英的故事除了受到书商和文人关注，还出现在作为民间法律手册的"讼师秘本"这样意想不到的文本中。

比如明明是诉讼实用读物的《惊天雷》，有出版方为了卖书，偏要在前几卷里以"学术内涵"来装门面[1]，尤其是卷一下层的"奏本类"，格局不凡。三个奏本分别是"御史邹应龙劾严嵩严世蕃本""夏抚台劾安仁县知县袁师顺贪酷本"和"李玉英辩本"。不过，细究起来，奏本的风格略有差异，前两个

---

[1] 其首卷上层是刑名直解，下层是"历朝刑法"，以及五刑六赃七杀等"刑法指南"，对法律法规重难点的提炼，从犯奸总括、律例总括到"金科一诚赋""八律科罪"等，将各家千锤百炼的读律要领东拼西凑，显得简明又有体系；还用"十法须知""古箴十忌""十段锦""法家须知"与"格言"等标榜作状的正派立场。本书中提到的几种讼师读本，都出自杨一凡主编的《历代珍稀司法文献》，社会科学文献出版社2012年版。

义正词严，突出政治站位和写作高度，最后一个的作者看上去没官衔，故事却是曾被冯梦龙看重并改编为小说的"李玉英喊冤"。从实用性的角度，名臣奏议高不可攀，玉英的自辩虽不可复制，但辞藻毕竟值得咀嚼，值得玩味。

　　故事的主角是未婚少女李玉英，她姐弟几个被继母害苦了，她自己被继母陷害下狱，只因"热审"清理刑狱，她才算找到机会自诉。牢中陈情诉冤的是李玉英本人，写的是自己和兄弟姐妹在父亲死后如何受难，帮她投状的是姐妹李月英。故事原文长得很，可能是托晚明印刷发达的福，我们能见到女子上书中难得的小长篇。下表左栏列出玉英上书的原文，右边是笔者尝试从不同角度所做的评析，足见她不但措辞谨慎，而且心思细密，很有看头：

四、本事

12

"玉英上书"原文[1]	评析	
	顺着读	逆着读
臣闻先正有云：五刑以不孝为先，四德以无义为耻。故窦氏投崖，云华坠井，是皆毕命于纲常，流芳于后世也。	开篇摆明价值观。诉诸经典，列举范例，暗示自己道德标准高。	虽然后面解释了她的知识是父亲教的，她父亲是武官但也通儒学，但她这个写作技法，颇有八股神韵，很高明。
臣父锦衣卫千户李雄，先娶臣母，生臣姊妹三人，及弟李承祖。	她姐弟四人均是法律意义上的"前妻子女"，但弟弟的名字要单独拿出来说。	
不幸丧母之日，臣等俱在孩提。父每见怜，仍娶继母焦氏抚养。[2] 臣父于正德十四年七月十四日征陕西反贼阵亡。天祸臣家，流移日甚。	李雄为国捐躯，英雄家庭。正德十四年，多事之年。	名义上李雄续娶的原因是抚养前妻子女。可是，要抚养四个半大不小的孩子，继母焦氏20岁的年纪是不是太轻呢？

---

1. 原文内容以冯梦龙小说（简称冯版）为基准版，讼师读本《惊天雷》中所收的"李玉英辩本"，则简称讼版。还有明代李诩的笔记《戒庵老人漫笔》卷三"女辩继母诬陷疏"内容，简称李版，此版开头有"为明辩生冤以伸死愤以正纲常以还淳俗事"，后面几句则被讼版概括成"臣闻孝子不蹈规之恶，贞女不辱己之身"等。《戒庵老人漫笔》和《醒世恒言》中都记叙了李玉英上书的前情，如少年李承祖如何寻父遗骨、返家后被毒死等，讼师读本里只收"李玉英辩本"。

2. 这几句交代李雄如何丧妻和续娶等，但李版里加进玉英自述12岁遇皇上嗣位，选才人时玉英因为太小没入选；讼版里说她年14岁，后面父死时16岁，生活苦，写诗排遣却被诬等获罪经历。

123

续表

原文	评析	
"玉英上书"原文	顺着读	逆着读
臣年十六,未获结缡。姊妹伶仃,子无依荷。摽梅已过,红叶无凭。尝有《送春诗》一绝云云,又有《别燕诗》一绝云云。是皆有感而言,情非得已。奈母氏不察臣衷,疑为外遇,逼舅焦榕,拿送锦衣卫,诬臣奸淫不孝等情。	继母不管女儿李玉英的婚姻大事。父亲已去世,继母不张罗,玉英当然也不敢自己找。她嫁不出,后面的两个妹妹自然也嫁不出。此为继母虐待前妻子女的第一重表现。她写诗的原因是哀叹命苦,但只是写诗而已,没有"外遇",就仍是清白之身,合乎律中的"指奸勿论"。而继母对玉英的"疑"和"诬",是继母虐待前妻子女的又一重表现。	节奏有点儿乱,理学家读此难免会觉得这个女孩思想苗头不对。因此被继母管教的话,只要责罚不过度,旁人也说不了什么。如要追求效果最大化,也许可以调整表述——先被继母视作眼中钉,后被陷害。但这样又太小说笔法了,显得不老实。玉英因所谓的作风问题而下狱,上书就先辩这个。
问官昧臣事理,坐臣极刑。臣女流难辩,俯首听从。盖不敢逆继母之情,以重不孝之罪也。	玉英被判死刑,为何当时不喊冤?皆因不敢忤逆母亲。这是暗示自己明礼而纯孝,继母有心陷害、赶尽杀绝、居心不慈。	依律通奸不是死刑,一般意义上的不孝,也罪不至死,但子女告父母于理于法都不合。辩冤即揭露继母过错,必须慎之又慎。
迩蒙圣恩热审,凡事枉人冤,许诸人陈奏。钦	玉英特意强调,自己是奉皇帝之命诉冤,皇权大过母权,何况	

四、本事

续表

原文	评析	
"玉英上书"原文	顺着读	逆着读
此钦遵。故不得不生乐生之心,以冀超脱。	是后母之权,而且是有罪之后母。这是铺垫,下节她要发力,揭发继母罪行了。	"乐生"似乎不如后文的"死也要清白"有力。
臣父本武人,颇知典籍。臣虽妾妇,幸领遗教。	这大概是要解释,上书没有外人指使,都是她自己的意志和本事。	突兀。
臣继母年二十,有弟亚奴,生方周岁。母图亲儿荫袭,故当父方死之时,计令臣弟李承祖十岁孩儿,亲往战场,寻父遗骨,陷之死地,以图己私。幸赖天佑父灵,抱骨以归。前计不成,仍将臣弟毒药身死,支解弃埋。	这是大招,简直是不死不休的控诉。谋害前妻之子的动机险恶、手段残忍,都在控诉中。继母之恶最集中体现:让十岁小孩出远门,恶毒;毒死十岁小孩,恶毒;肢解十岁小孩,恶毒;有母子名分但无血缘关系,毒上毒。	继母恶毒,以害死前妻所生之子为重罪——涉及传宗接代,对不起死去的丈夫。
又将臣妹李桃英卖为人婢,李月英屏去衣食,沿街抄化。今将臣诬陷前情。	"全套"虐待前妻子女:承祖死了,玉英下狱,桃英、月英两个妹妹自然也好不了。赶走前妻所生女儿,自然也是嫌她们碍眼。	

125

续表

原文	评析	
"玉英上书"原文	顺着读	逆着读
臣设有不才，四邻何不纠举？又不曾经获某人，只凭数句之诗，寻风捉影，以陷臣罪。 臣之死，固当矣。十岁之弟，有何罪乎？数岁之妹，有何辜乎？[1]	玉英给自己辩解：奸无实据。这样喊冤才可信，且以退为进：即便她写了诗被捕风捉影诬告陷害，弟、妹是无任何错误的，反衬继母凶恶。恶人的话，更不可信。	
臣母之过，臣不敢言。《凯风》有诗，臣当自责。 臣死不足惜，恐天下后世之为继母者，得以肆其奸妒而无忌也。	以退为进。继续引经据典。 照应开头，继续输出价值观。	太会引经据典、输出价值观了。小小年纪，明里倒像个老学究，暗里则如同老讼师。
伏望陛下俯察臣心，将臣所奏付诸有司。先将臣速斩，以快母氏之心。次将臣诗委勘，有无事情。推详臣母之心，尽在不言之表。则臣之生平获雪，而臣父之灵亦有感于地下矣。[2]	继续以退为进。她不讳言告母之罪应"速斩"，但也呼吁查明真相还她清白名声，告慰冤枉之灵，真显出以死明志的魄力和决心。	虽然夸张，但挺感人。就是要求挺多。果然，"要清白不要命"是最有力的呼声，维护父权、告慰死者也是。

1. 李版、讼版均有玉英自言"在监日久，有欺臣孤弱而兴不良之心者，臣抚膺大恸，举监莫不惶恐"，大概是要衬托她冰清玉洁、贞节无损。

2. 讼版加了一句"若悯臣无罪，超活微躯，实皇上好生之德也"，倒有画蛇添足之嫌。

四、本事

广为流传的"李玉英狱中诉冤"与"李玉英辩本"里,玉英的"孝""义",无论是在遵从继母之命、严守卑幼本分,还是置生死于度外,为恢复真正的纲常伦纪而陈情等,都是她的武器。明里谦恭,暗里矛头直指"罪魁"继母,并以此为自己"脱罪"。这正证明了《惊天雷》的十法之八"脱罪说":

> 我之情冤、理屈,他之势焰、钱神,以致身陷五刑、心痛抑郁,必使一纸冤词,铁面无私,自能伸雪仁见,圜扉立释,笔攻冤城。

此事收入讼师读本,也是偶然之必然。

在玉英笔下,焦氏强势而狠辣,口称大义,心术不正。青春年少却给人做续弦,刚生儿子就成了寡妇,丈夫牺牲没留下话,自己亲生儿子还不是长子,她想要把前夫的爵位和家业都牢牢握在自己手里,奈何有四个非亲生的小孩碍事。继母发狠是真的,小孩遇惨也是实情。女儿告继母竟然奏效,"这一篇章疏奏上,天子重瞳亲照,怜其冤抑,倒下圣旨,着三法司严加鞫审。三法司官不敢怠慢,会同拘到一干人犯,连桃英也唤至当堂,逐一细问。焦氏、焦榕初时抵赖,动起刑法,方才吐露真情，与玉英所奏无异"[1]，局势反转，顺利得有些出乎意料。

对害了李家姐弟的焦家人，法司判决，本已刻意选用重刑了，但皇帝觉得还不够，下旨要赶尽杀绝。

皇帝说要把焦氏的亲子杀掉。说实话，要是让焦氏眼看着小儿子被杀，恐怕是最令这心狠手辣女人绝望的——她之前坏事做尽，既是出于性情，看不惯前妻子女，要拔除眼中钉，且丈夫死后她在家里便说了算，无人能阻拦，所以行事越发残忍；也是想要给亲生儿子争利益，让次子亚奴继承父亲官职和待遇，非亲生又年长的李承祖自然就成了心头大患。焦氏这一番折腾，到头来竹篮打水一场空，她自己的报应来了。但皇帝说要连亚奴一起杀时，焦氏大概真正感到恐惧和追悔莫及。且看以下法司判决书：

---

1. 笔记作者李诩说，这是他在嘉庆四年间抄录的一个"学究"所录之玉英上疏，不知是不是脱胎于讼版。李版里简单说是皇上看后认为"这奴婢事情有可矜"（定了调了），要求三法司会审；查明后继母焦氏被处斩，"李玉英着锦衣卫选良才婚配"。

"玉英上书"原文	评析	
法司判决	顺着读	逆着读
勘得焦氏叛夫杀子，逆理乱伦，与无故杀子孙轻律不同，宜加重刑，以为继母之戒。	"叛夫杀子，逆理乱伦"定性很妙，母杀子，罪不至死，但"叛夫"放在"杀子"前，性质就严重了。"乱伦"不是说有奸情，而是说破坏了家庭关系与家族秩序。	不引律例明文，不专业。所谓"无故杀子孙轻律"，律牌应为《大明律·刑律·人命·谋杀祖父母父母》或《大明律·刑律·斗殴·殴祖父母父母》。据律，母杀子无论管教是否"非理"，原则上都罪不至死。但继母等非亲生之母，量刑上另有关键指标，看是令丈夫"绝嗣"——"致令绝嗣者绞"（"殴祖父母父母"条）。焦氏生有儿子，因而亡夫并未绝嗣。当然，朝廷想要重判，总能找到理由。
焦榕通同谋命，亦应抵偿。	说焦榕也要判死罪。	焦榕同死者的关系，不像焦氏那样有母子名分，虽共同作案，但身份上分开论，焦榕依《大明律·刑律·人命·谋杀人》条判即可。
玉英、月英、亚奴发落宁家。又令变卖焦榕家产，赎回桃英。覆本奏闻，请旨。	无罪的李家子女回李家。	桃英被卖，涉嫌"压良为贱"，但当初既是家长做主卖的，也没法让买者吃亏，所以得"赎回"。而桃英被卖后吃的苦，是怎样也赎不回的。之所以卖焦榕家产来赎桃英，是因为用李家的钱来赎李家的女儿，道义上说不过去？

虽然皇帝发狠，玉英却不忍，她再上疏，依旧说理周全，凭借己方的苦难与美德，跟皇帝也谈起了条件。她的两大理由

逻辑清晰：一是尽管焦氏的疯狂是为了给自己和亚奴争取利益，但亚奴太小，完全没参与到母亲、舅舅的恶行中；二是目前能延续李雄一线香火不绝的，只有亚奴了——他同父异母的哥哥已经被他生母杀害，要是连他也死了，李家就连单传都没了。这样一来，既体现玉英善良，不殃及无辜，又体现她顾家、识大体。话虽如此，可若让亚奴长大后就这么接上李雄的班，不是正应了焦氏的心？所以"讨价还价"后，亚奴虽留了命，延续李雄的血脉，但继承李雄军职的，换成了李家的其他人。

"玉英上书"原文	评析	
皇帝改判与玉英恳求	正着读	逆着读
天子怒其（焦氏）凶恶，连亚奴俱敕即日处斩。	逻辑是"继母为了儿子杀人，因此获罪，儿子也不能置身事外"。	焦氏杀了非亲生的大儿子，但因为亚奴还活着，她并未令亡夫绝嗣；若皇帝把亚奴杀了，就真绝嗣了——虽然在皇帝看来，有母凶恶如此，亚奴不留也罢。

四、本事

续表

"玉英上书"原文	评析	
皇帝改判与玉英恳求	正着读	逆着读
玉英又上疏恳言:"亚奴尚在襁褓,无所知识。且系李氏一线不绝之嗣,乞赐矜宥。"天子准其所奏,诏下刑部,止将焦榕、焦氏二人绑付法场,即日双双受刑。	虽然同父同母的亲弟弟被亚奴的亲娘害死,但亚奴仍是家中能延续父亲血脉的唯一男孩,他可不能死。	玉英多次上书,有一种孝子孝女跟皇帝"讨价还价"的即视感。 即日受刑,应是斩立决或绞立决,不待秋后行刑了。
亚奴终身不许袭职。另择嫡枝次房承荫,以继李雄之嗣。	不可因不法行为而获益,道理对。而焦氏的愿望算是彻底落了空。	《大明律·吏律·职制·官员袭荫》里有一般规定,原则上"嫡长子孙袭荫",以李家为例,李承祖袭荫,承祖死就轮到了亚奴。如果无嫡子、无庶子,"许令弟侄应合承袭者袭荫",圣旨"另择嫡枝次房",正是此意。"其军官子孙年幼未能承袭者,申闻朝廷、纪录姓名、关请俸给、优赡其家,候年一十六岁方令袭职管军办事。如委绝嗣无可承袭者,亦令本人妻小依例关请俸给、养赡终身"。亚奴失去承袭资格,是否绝嗣,主要体现在能否继承父辈血脉,而非身份地位上了。
玉英、月英、桃英俱择士人配嫁。	大团圆	一国之君包办婚姻,谁敢含糊?

131

结局部分，果然是冯梦龙写得更生动。只稍露破绽，"至今《列女传》中载有李玉英辩冤奏本，又为赞云：李氏玉英，父死家倾。《送春》《别燕》，母疑外情。置之重狱，险罹非刑。陈情一疏，冤滞始明"，明朝人写明朝事，怎及见《明史》？这大概是平行世界里的《列女传》了。其实"文学之真"，经不起推敲之处不在少数：玉英在继母压迫下还敢写诗，写了诗还不藏好，简直处处都是破绽。她能脱险，大概只能解释为剧情需要"金手指"吧。而这种剧情，谁要看呢？作者开篇说了，继母心不好时，"十岁内外的小儿女，最为可怜"。故事结局是警示作恶者，也许这多少能宽慰那些惨兮兮、无力反抗的受害者。

可这宽慰又是微弱和难以捉摸的。若正德年间（1506—1521）真有玉英等受苦的小孩，她又真有这等才能，当继母指控她时，她为何不对质、不力辩呢？她不能，恐怕也不敢——她在狱中陈情，是看到了一线生机，而当她逆来顺受时，怕是难以见一丝希望。

善辩

文字只是思想和情意的载体之一，上书也是诸多传情达意与辩理的方式之一。当事发仓促，来不及从容撰稿，能察言观色、随机应变、直抒胸臆、据理力争，也是了不起的本事。例证有同样载入女德教材、作为列女楷模的先秦时期的齐衍女和赵津女（是的，她们也都没留下具体名字）。

《晏子春秋》里记了一事，是女儿为请求宽父罪，去找当权者说理。清代《闺训图说》作了简化并有配图，先看简化版情节。

> 齐景公有爱槐，使衍守之。下令曰："犯槐者刑，伤槐者死。"于是衍醉而伤槐。景公怒，将杀之。

她爹是齐国人，就叫衍某吧（也可能是某衍。《晏子春秋》里则无名），他获罪冤不？若君无戏言、王言为法，他确实违规，依"法"当杀。

具体而言，套用"三段论"中的"大前提"——齐景公下令"犯槐者刑，伤槐者死"，"小前提"是"衍醉而伤槐"。结论不言而喻，齐景公怒，"将杀之"，相当于衍某被判死刑。

> （衍）女婧惧，乃造晏子请曰："妾父衍，先犯君令，罪固当死。妾闻明君之治国也，不为畜伤人，不以草伤稼。今吾君以槐杀妾之父、孤妾之身，妾恐邻国闻之，谓君爱树而贼人也。"
>
> 晏子惕然，明日朝，谓景公曰："君极土木以匮民，

又杀无罪以滋虐，无乃殃国乎！"

公曰："寡人敬受命矣。"即罢守槐之役而赦伤槐者。

衍某有女儿（多大年纪不知道，她有无兄弟不知道），即《列女传》中的"齐伤槐女"，她因父罪而"惧"，找到明白人晏子讲道理：虽说父亲形式上是"犯君令，罪固当死"，但真要杀了，为一棵槐树（哪怕是"爱槐"）而杀了一个人（哪怕是臣民），传出去对君王名声不好。

女孩的原话暗合经典，暗示"明君"应有"不为畜伤人，不以草伤稼"等德行，反衬"爱树而贼人"是无道；更将这放在列国争霸的背景下，规劝"恐邻国闻之"。这一番道理讲下来，不多渲染小家、个体的哀痛，即"杀妾之父、孤妾之身"，而似乎全然是出于国家利益、忠心爱君的考虑。晏子只要不糊涂，当然得重视，他闻言"惕然"，便是表态。次日早朝，晏子劝谏君王莫祸国殃民，齐景公纳谏，衍某不死。

齐景公任用晏子为相时，也算做出过一番功业。《晏子春秋》成书时间其实远远晚于春秋晚期的晏子生年，据张纯一撰、梁运华点校的《晏子春秋校注》（中华书局2014年版）一书的前言介绍，《晏子春秋》现存内、外8篇215章，西汉末年刘向等编定时资料多达800余章，战国简、西汉早期简中也发现关于晏婴言行的记载，可见故事从战国至秦汉已广为流传。那么，伤槐者因女儿的一番话而得以保命，大概不全是虚的了。

《闺训图说·孝女类》之二"齐衍女婧",是全书的第二个故事,内容应是直承明代的《闺范》等女德读本,基于《晏子春秋》卷二《内篇谏下·景公欲杀犯所爱之槐者晏子谏第二》(原版)与《列女传》等典籍。女德书的编者删了不少,可对照来看。

原版的中心人物当然是名相晏子。晏子是三朝老臣,辅佐齐庄公、景公等(所以上述之事发生时,不知晏子还记得杞梁妻否)。晏子坦荡,允许年轻女子来见,耐心问她"所忧者何",次日早朝时义正词严陈说上位者有"穷奢极欲""玩物丧志"与"刑罚不公"这三大害,而齐景公爱槐过度,中了前两害——因爱槐而立重法,"犯槐者刑、伤槐者死"是"刑杀不称","德行未见于众,而三辟著于国,婴恐其不可以莅国子民也",引得齐景公极度重视,迅速悔改。"大夫教之,社稷之福,寡人受命",最终从顶层彻底解决苛法问题——"公令吏罢守槐之役,拔置县之木;废伤槐之法,出犯槐之囚。"

闺训读本则仿照"缇萦模式",高光落在女子的努力上。有几处改写与原作有出入,不够准确。比如"使衍守之"而"衍罪而伤树",显得他"知法犯法",没那么冤;而原版"令吏谨守之……有不闻令,醉而犯之者","不闻令"就值得同情。相应地,结局中,原版既废除恶法又罢守役,相当于君王从根本上提高了认识、彻底改正;而闺训中为突出孝女救父,就只写到衍某被赦。

即便如此，在说理上，不论版本，这位不知名的姑娘不愧是位奇女子。据《列女传》，这对父女均无名，清王照圆《列女传补注》称父名衍、女名婧，姓不详。从她尚未出嫁，可推测她年纪应该不大。奇女子身上总是有很多谜，若套用对儒士的评价标准，她有些够得上"修齐治平"了：修身，所以能够理直气壮侃侃而谈；救父，所以对家庭贡献卓著；触动齐相谏君，则是为国为民，社会贡献也有了。这样一个见识不凡的女儿，不分轻重、好酒误事的父亲如何培养得出来？知识是一回事，情感又是另一回事，她当然舍不得父亲受罚，总得想办法。于是故事里一再强调的是她的孝，且孝得有效。

明代吕坤作《闺范》，首推女道，先说孝女，他倒是看到了"女未适人，与子同道。孝子难，孝女为尤难"。"孝女第一"便是齐伤槐女，对此他评价高，格局不小："势之尊，唯理能屈之。是故君子贵理直。伤槐女之言，岂独能救父死？君相能用其言也，齐国其大治乎！"清代女诗人石承楣有组诗咏善行（女道）[1]，其一即颂扬此女："为损庭槐国法伸，君王一念

---

[1] 据她自叙："幼侍洛川，始学为韵语。迨遭大故，随母氏及诸弟扶柩归湘潭。未久，即适袁氏。朝夕修妇道，刻无暇晷，此事遂废。已而两女相继入学，因举平昔所闻见者，一一训迪。中有吕氏《闺范图说》一书，儿辈见之，喜于展阅。因迎其意，为之指陈原委，各系以诗，欲女子于诵习之余，因诗以考事，因事以立范，不啻与图中诸贤日相晤对。"小孩子喜欢看图，知书达理的母亲提供早教，一起读里面的明理、爱人、大义与英雄气概，儿女皆可"因事以立范""与图中诸贤日相晤对"，能有些好榜样，又留些好回忆。

便伤仁。情殷救护词肫挚,爱物何如更爱民。"看来有目共睹,这女孩儿是个人物。若是男子,凭这样的机智与大义,不该做个良臣?

但后世读本中所隐而刘向编书尚未删的,是少女如何求见相爷。她去到晏子家门口,口称"贱妾求见","有道于相国,不胜其欲,愿得充数乎下陈",她甚至做好了不行就献身的打算。晏子听人禀报,笑说谁家姑娘小小年纪这么奔放,我虽一把年纪了也没那么好色。但他毕竟是贤相,担心这种反常求见背后"有故",于是接见了她也听她陈述了冤情。换言之,她是先有机会得其门而入,才有机会来展示才与辩。这仿佛是个隐喻:她们的才与辩,根本上仍然依附于掌权者的倾听和纳谏。谁主谁次,一目了然。

吕坤编《闺范》卷二"女道"之首是"齐伤槐女",其二便是"赵津女娟",其三其四都是汉代的了——"齐太仓女"和"曹娥求父"。后世诗人用典,也往往掺和着来。我们这里来看津女小娟遇上的事:

> 简子南击楚,与津吏期,简子至,津吏醉卧不能渡,简子欲杀之。

三言两语给我们展示了姓氏不传的小娟为何要救父。她父亲为赵河津吏,贪杯误事闯了祸。误的还不是小事:要打仗了，之前都定好时间了，津吏却在整装待发的将士众目睽睽下"掉链子"——醉到不能渡河，耽误出发。你说气不气？赵简子要杀醉鬼，也是有气，也是要"令行禁止"定军心吧。这事明显是津吏负全责，用法律思维来看的话，责任自负、罪责刑相适应，加上军法从严，怎么看都难逃一死。

小娟似乎是随父生活或跟父亲一起"上班"的，眼见大难临头，急得她持楫跑来。其父既不像淳于意那样有为官廉平之美誉，法令又不像"伤槐者死"一般容易招致"重树不重人"的批评，所以醉了就是醉了，失职就是失职，女儿有何办法？还真有！我开始认同讼师秘本里选列女轶事的思路了：追求的都是夹缝中求生乃至绝处逢生，有些救父事迹简直是高明到见缝插针甚至"无中生有"的"逆袭"啊！

小娟首先解释了她爸为什么喝酒：是为了祈祷主君平安。她爸因仪式隆重，态度诚恳，不胜酒力才"醉至于此"。因此，主观是好意的父亲，其实不该杀。非要杀，就杀她。她尚未提及误事的缘由，因为后面还有另一番展开。层层递进，滴水不漏，用一番天知地知我知而别人不知的诚意，把不可原谅的贪杯都给圆上了！

赵简子闻言，问了一句话，值得注意。他说，"非女子之罪也"，在谁承担责任上，先秦还是有拎得清的人物的。这种清醒，我只在后世少数刑官身上见过。但主事者的清醒，未必是求情者想见到的：赵简子不允许犯事者的女儿顶父罪，固然是不冤枉无辜,但也意味着不想放过真正的责任人,杀失职津吏之心犹存。这时,小娟改变策略来游说这位清醒的当权者。更巧妙的是,她看上去还是站在主君的立场上。这真是高超的谈判手腕了。

她说,您若"因其醉而杀之,妾恐其身之不知痛,而心不知罪也。若不知罪而杀之,是杀不辜也。愿醒而杀之,使其知罪"。我继续相信,能为父成功说情者,假以时日、条件成熟,未尝不能当个成功讼师或谈判专家。小娟真行,发现"代死"行不通,马上就捕捉到主事者口风,以"罪"为中心再行劝说。且不论"不知罪而杀之,是杀不辜也"算不算偷换概念,但她说得环环相扣:您既然要罚当其罪,那么不但要罪坐本人,还应让本人知罪伏法;为了让本人知罪伏法,就不能急着杀,得等他醒来。

赵简子还真听进去了,对醉酒者,"遂释不诛"。但此时危险仍未完全解除:万一是等渡河回来再算账呢,若战事不顺,会不会迁怒?求情尚未成功,小娟仍需努力。她的新目标是用实际行动把父亲"贪杯(起因)—误事(后果)"的后果也给弥补过来。于是乎,因少个撑船的,小娟自告奋勇顶上。

临时顶班,也没那么简单。赵简子一开始是拒绝的:我们一行,"选士大夫斋戒沐浴",是干正事去的,"义不与妇人同舟而渡"——就算少了摇船的,妇女也不配顶上。好个小娟,才思敏捷,绝不妄自菲薄。她引经据典打起了比方:商周明君打仗,拉车用了母马,只要是正义之师,不也照样赢么?您不想渡河也就罢了,只要想渡,多个帮手,"与妾同舟,又何伤乎","简子悦,遂与渡",简子乐呵呵顺着台阶下来了。

从求情到帮忙,都是小娟的"专场表演"。船到中流,歌声响起,她"发《河激》之歌",歌词有锦上添花之深意,讨人喜欢。既给主君戴高帽子,又用吉祥话鼓舞士气,既提到了父亲"祷求福兮醉不醒,诛将加兮妾心惊",又感谢主君宽宏恩德,"罚既释兮渎乃清"(省得班师回来再翻旧账),感恩戴德的妇人持楫,"蛟龙助兮主将归",一定是战无不胜。仗还没开打呢,赵简子就"大悦",感觉自己赢了,不但赢在战场上,还想抱得美人归——赵简子想起自己梦到过娶媳妇,而小娟就是梦里所娶之人。

大概船过中流,要靠岸了,小娟的"专场表演"要告一段落了。赵简子急着说要娶她,小娟却不卑不亢,不慌不忙,她"再拜而辞",不置可否,只说"妇人之礼,非媒不娶。严亲在内,不敢闻命"——国家是主君说了算,我家是老爸说了算。她翩然离去,简子也继续踏上征程。虽暂时分别,但有一事确定:只要简子有意,小娟之父就平安无事——简子还等着他答应嫁女儿呢。果然,简子经了六礼,明媒正娶,完美。

论者曰"女娟通达而有辞",即是说小娟头脑聪明又会说话,可谓思考与表达皆善。吕坤编《闺范》也是多角度夸她:夸她成功救父"有辞",能说到点子上;成功做人"有礼",婚姻不自专，肯听家长的——既是孝女，又是贞女，"贤矣哉"。

小娟能被简子看上，似乎是适婚佳人，可能比缇萦大几岁。赵简子有贤名，能纳谏，积极进取，他还是"赵氏孤儿"的后代，为晋卿时"铸刑鼎，著范宣子所为刑书"（《左传》昭公二十九年），就是孔子批评"民在鼎矣，何以尊贵"的那个刑鼎。

说到辩才，也有必要再提一下"晋弓工妻"，《列女传》里将这位已婚妇女与小娟姑娘都归入"辩通传"。清初诗人宋琬的《贞媛竞烈篇》开头跟我想到一起去了："三晋由来多义媛，津吏之女弓工妻。"[1] 分开看，也觉得"赵津女娟"和"弓工妻"两则故事相似。严格说来，津吏之女才是救父的；姓名不传的弓工之妻，从称呼方式里强调的身份重点也可推知，救的是夫。吕坤《闺范》按照为人女、为人妻、为人母三阶段分卷，所以小娟在卷二女子之道的孝女类，而弓工妻在卷三妇人之道

---

1. 诗人接着赞女子"不惜捐躯脱父难，高风千古难攀跻"。不过此诗借前人引出后人事，"贞媛"自来难为，何况是"竞烈"，想来不一般，读下去发现确实，"河东侯氏家素封，森森二子如游龙。乡里咸推万石君，闺门之内何雍容"，"生民不幸奉天宝，家世此离不自保"——乱世来了怎么办？恐人劫色又劫财——"尽室吞声哭掩面，阿母从容色不变"，为何不动声色？因为死志已定："手指寒泉顾两男，以井为棺汝我敛"。儿媳辈先跳，婆婆辈后跳，婢妾也有三五人"含笑"跟上……是为"竞烈"。结尾果然流于单纯抒发壮士豪情："君不见，豫让桥边日月昏，坐令壮士无颜色。"跟拼命拼出条生路的津吏之女、弓公之妻比，这种集体自杀的"竞烈"，实惨！

141

的贤妇类。

"弓工妻"这则故事说的是妻救夫,其中展现出的不卑不亢、据理力争似乎与杞梁妻相似。妻的辩才是绝对的亮点。夫是造弓的,三年才造出来,晋平公试了一下就觉得不好用,"引弓而射,不穿一札",一气之下要杀工匠。妻子闻信,求见大王,要给丈夫讲理,"妻往说公,陈其干材,列其劳苦,公遂释之"。表面上是说"干材""劳苦",其实她话里很不客气,先列举了三个诸侯国里的仁君,再搬出圣王尧帝即使所造房子破旧仍不怪罪子民之事点题,强调"为之者劳,居之者逸",就差跟平公说"你行你上"了。

接下来,妻子列举丈夫工作认真、用料上佳,"皆天下之妙选也",慢工出细活,认为之所以觉得好弓不好用,"是君之不能射也,而反欲杀妾之夫,不亦谬乎?"这话直接,虽然在理,可也让习惯了后来缇萦等人以"示弱模式"施救的我,为弓工妻的刚强捏了一把汗。

最后,妻子据理力争,"妾闻射之道"如何如何,劝平公要不再试试,平公也"听话",一试射穿七札。弓工不但无罪,还被赐金,转危为安。

吕坤对此事的案语,我觉得蛮有道理。

  气与识,缓急之所赖也。

  弓工妻之言,弓工所知也。(平公)一怒,夺其(弓工）气，而就死不敢言。

向非其妻之明辩，（弓工）何以得生？况获赐乎。

若妇人者，气伸万乘之上，辩屈一人之尊，岂不毅然一丈夫哉！

要以（妻）脱夫于死，真情至爱之所激也。

"气与识"是"真情至爱之所激"，简直可以用来形容缇萦、木兰等所有救父者。同时其中的惊险，也着实令人捏一把汗。同样的制弓与射箭原理，吕坤判定，妻并不会比夫知道得更多，但夫怕了，有话不敢说，有理不敢辩，最后靠妻的"明辩"才得生。"识"相同而"气"不同，而"明辩"靠的就是一股气，所以不是谁都能成。这是禀赋、境遇不同而造就的角色、功绩有别。

但以今人的标准，吕坤自然也有囿于成见而讲得不到位的地方。比如夸妇人，说她"毅然一丈夫"，明显还是在夸耀"男子气概"。不过，吕坤只是持刻板印象的万千古人中的一个，还是多看他讲得在理处：他形容善辩者"气伸万乘之上，辩屈一人之尊"，这真应了"势之尊，唯理能屈"，"弓工妻"虽是特例，到底提神。

当然，特例总有特别之处。仅从一隅观之：《韩非子·难一》里写过晋平公与群臣饮，酒后失言，师旷以琴撞之，左右请除无礼之师旷，韩非批评师旷不是好臣子，"逆上下之位"，平公倒向师旷认错。这位君王十岁即位，辅佐他的人是叔向，后来曾因贪恋女色而得病险些不治，到七十多岁又有师旷劝学、"炳烛而学"的故事。别的不说，根据前面归纳的"她能辩是因为他肯听"的说法，我猜还是平公脾气好。

倒也不是说早期上书者、求情者的运气就好（毕竟故事中的主君都一样好动杀心），只能说时也命也，前面提到的几位先秦时期的女性，都敢侃侃而谈，结果也都不错。后来，从缇萦到李玉英，上书者的姿态越来越低，文辞越来越华美，脱稿直接辩理的记载则越来越少。这不妨看作"幸存者偏差"：失败者的故事，早已湮灭不传；而成功者能给后世女性提供的，也许只有些许勇气和信心，而非具体做法。

模仿

以孝之名求奇迹，不如意是最常见的结果，最惨如轮盘赌，稍好的像开盲盒，总有人抱着碰碰运气的心理想要心想事成。而助力这"盲盒市场"的也许在于，不但知书达理的精英阶层、大户人家掌握了以孝求情、以情动人的"密码"，至迟在明清，求情信的写法，早已近于寻常知识，"飞入寻常百姓家"。这就使得投状求情变得更加易行，无须下定必死决心，也不必从头学起，找来模板套上便可。

比如明清社会流行"讼师秘本"这样的法律读本，其实没那么神秘,一是朝廷从发现问题到下达禁令总得有个反应过程,二是禁令能不能落实、落实到什么程度,也都成问题。清代官方禁令中将《惊天雷》等教人打官司的小册子看作洪水猛兽般的邪书,恨不得说这些书都是教人坑蒙拐骗、诬告陷害、无恶不作的"犯罪指南"。其实不然,此类书的编者简直吃透了风土人情,颇有些经史素养,表面上看都是满满"正能量",比如前面提到的李玉英辩本被收入诉讼手册中,不就是昭雪奇冤、大快人心吗?!

当然,正能量可能被鼓吹过度,"理想"可能被滥用。赞颂救亲壮举的,往往忽略事件的实质——用无辜的人换有罪的人。但是非对错另说,实用主义的有心人可不会放过这条路:若能剑走偏锋,以高尚的名义抛出个替罪者,不就能帮罪人钻出法网吗?既然故事里的亲情具有感天动地甚至"反自然"的魔力,有些手册里设计的"脱罪门"[1],充分利用传奇,便真能把握人的心理,如"妇脱夫罪翻招"一则:

---

1. 民间流传的"脱罪"模板,绝不等于无罪辩护,而是在本来案情无望之时,罗列案外情况以谋求从轻发落。此类技巧运用,无论是靠当事人自己,还是找讼师等帮手,都未必有胜数。有的是因为大难临头无暇细想,多一个机会便只能争取,有的是因讼师本人拍胸脯打包票,收了钱去套个模板、走走形式,甚至牢中人就是讼师,告别人时套用的是一类模板,自己被告被抓就套另一类"脱罪"模板,可谓翻遍法律手册,总有一款合适。

> 替死事。妾年十六，亲夫强抢成婚，父告夫斩。若从亲父，必斩亲夫；若从亲夫，罪坐亲父。情理两难，祸从妾起，妾当替死。上告。

这种道德困境落在弱女子身上，是很吸引眼球的。但困境的营造有些牵强，并不那么义正词严。处理不好容易弄巧成拙：为抢婚者求情，难保里面没有"别情"，倘若官员真就据法而断，或是顺水推舟把女子也抓了，她损失可就大了。话说回来，虽然这里的价值观和刻意营造的伦理两难情境并非无懈可击，但还是得承认，不完美的例子也一样是可供效仿的。就算很多女性没有读过，还有读过此类书的讼师等可以帮她们出主意呢。

下一则"妻脱夫罪"高明些：

> 釜鱼乞命事。仁爷巡省一方，奸回丧胆。阿夫不良，因自作孽，冒犯天台。虽云众口铄金，敢谓缧绁非罪。宪度自如海渡，良人岂终凭妇？乞转尧天，回舜日，泣禹囚，鲜汤网，置此子于度外，容周处以自新。如再，妻儿同罪上告。

《新刻法家萧曹雪案鸣冤律》卷二也有一则"妻保夫"，大意是：

四、本事

　　釜鱼乞命事。仁爷巡省一方，奸回丧胆。阿夫不良，作孽，冒犯天台，虽云众口铄金，敢谓缧绁非罪。宪度如若海涵，良人岂终凭妇。氏情切吁天回舜日，泣禹囚，解汤网，置此子于度外，试容许以自新。否则妻儿同罪。上告。

后附"巡道批"是这版的特色。批文虽似杜撰意淫，但也不算违背"核心价值"，毕竟替罪之事不无经史可凭：

　　昔班昭上疏而兄冤白，缇萦旷罪而父刑释。今王氏为夫犯罪以死哀保，实与班婕妤、淳于女事相恍惚也。仰体情释放，许令自新。

长官不问所犯何罪，有人求情即同意自新，若是扩写成小说，把后半段求情多多渲染，一定是有销路的。而有些列女事迹，也很能体现出文学与法律的契合之处。
　　比如杨继盛是清官，他夫人也是好样的。《玉光剑气集》里记叙："杨忠愍在狱，张夫人上疏请代。"她的求情信主要内容是：丈夫入狱前很努力，犯错乃是无心，仍是忠君；入狱后自己惨、全家也惨；歌颂掌权者有好生之德，求开恩；最后再退一步，愿代夫死，无怨无悔。[1]结果"为贼嵩所阻，（疏）不得上"。虽不成功，但也说明即使明摆着被奸臣陷害、希望渺茫，妻子也一定要试。[2]又有"山西平阳驿丞王仝，以本州知州徐孚、千户孙纶连结事情具奏，法司问拟，比造妖言律，论斩。妻李氏疏请代死"，这次妻的目标是以一换三，理由不外乎丈夫入狱父母惨，自己探监和孝敬公婆难两全。丈夫才是公婆的支柱，自己与其"偷生"，不如"代夫之死"，全丈夫和

---

1. 杨张氏上疏的原文分别为："臣夫盛，先因谏阻马市，预发仇鸾逆谋，圣恩薄谪。旋因鸾败，首赐煎洗，一岁四迁，历抵前职。臣夫拜命之后，衔恩感泣，私图报效。或中夜起立，或对食忘餐，臣所亲见。不意误闻市井之谈，尚书生之习，遂发狂论。复荷皇上不即加诛，俾从吏议。""臣夫自杖入狱，死而复苏者数次，剜去臀肉两片，断腿筋二条，脓血流五六十碗，日夜笼框，备极楚苦。又年荒家贫，常不能给。止臣纺绩织履，供给饷食，已经三年。该部两次奏请，俱蒙特允监候。""是臣夫再蹈于死，而皇上累置之生，虽复捐躯市曹，亦将瞑目地下。臣仰唯皇上，方颐养冲和，保合元气，昆虫草木，皆欲得所。岂惜一回宸顾，下垂覆盆。倘蒙鉴臣蚁私，少从末减，不胜大幸。""若以罪重不赦，愿即将臣斩首都市，代夫之死。夫虽远御魑魅，亲执戈矛，必能为疆场效命之鬼，以报皇上。臣于九泉稍有知识，亦复衔结无地矣。"

2. 说起来这篇比李玉英的辩词更有资格作为讼师参考书中的模板。

公婆"三人之生",让他们老王家好好过。[1]结局是"奉宪庙旨:都饶死罢"。竟然成功了。虽然妖言罪也许本来就冤,但没人求情,可能就是沉冤,而亲人舍命一求,屠刀竟然抬高了一点。此外,她的诉苦、示弱、舍生与求情,也都是有章法的,同类材料多看几篇,难免会生出"是发自内心还是套了模板"的困惑。

民间妇女有求,一般到不了给皇帝上书的程度,写法就没那么讲究了,模板一套,就试着给地方长官递状子。对此,我曾怀疑过,求情者如何在务实与修辞间取舍,一味煽情会不会弄巧成拙?但转念一想,这种事,都到这份上了,最管用的恐怕不是"理性"。讼师读本中的"妻儿同罪"等求情策略屡见不鲜,估计就是当时的实用知识,从处于绝望中的人、局中人

---

1. 王李氏上书原文分别为:"妾闻,为人臣则当死君之难,为人子则当死父之难,为人妇则当死夫之难,此古今之常经,天下之大道也。臣虽妾妇,幸生太平之世,叨蒙化育之恩,岂不知忠孝节义之为当务乎?臣夫出位言事,死自其宜。但夫之父母俱年七十之上,衰病老朽,不久于世。而所生止臣夫,别无以次人丁。自夫在狱,无人侍奉,痛哭悲号,日夜不止。""臣欲守事公姑,则夫在监衣食断绝,不无失所,夫妇之道乖矣。欲舍公姑而供夫衣食,则公姑贫病饥寒,将何所依?子妇之义缺矣。此臣于孝义,不能两全,得此失彼。""与其苟全性命以偷生于一时,不若代夫之死,以全孝义也。盖臣夫死,则夫之父母,岂不忧伤致死?臣为未亡人,亦当与之俱死,是失一人之命,而三人之存亡系之。使臣而死,不过一人耳。使夫得回故里,侍养父母,子以全孝于其亲,亲以得养于其子,父子怡愉,享有天命。是以臣一人之命,全三人之生,此臣之死所以不足惜也。"

到愚人、痴人，自有其行事逻辑，即不讲法而钻空子，也是一种"反逻辑"的逻辑。[1]救命的"盲盒"，不抽一下吗？求情的模板，不套一下吗？

清代淡新档案有在线免费开放数据库，从中可找到一个真实存在、辗转多年的晚清女子"求脱夫罪"的曲折故事，可视为民间求情"不试白不试"的缩影。

光绪二年（1876）四月，药贩子陈先注被四个人抢了，好在获救，抢犯也抓到了。[2]地方官先是请示将全部犯人就地正法。[3]六月，又请示把首谋萧威就地正法，徐取、陈海等三犯免死，但要永远锁磴。[4]到九月，算是彻底判了："谕将徐取等

---

1. "翻案"辩护的招数很多，共性是弱者利用伦常关系"卖惨""哀告"的求情术。让妻子去求只是其一，读本所见，男子犯法后，用得着家中妇女的还有"拟戍翻招""母脱子军"。后者必须由老母"上告"，诉说守寡养大单传孤儿，独子获刑离家前途未卜，自己年老无助活不下去，"是一罪而累两命"等苦衷。另外，截至目前，讼师读本里，还没看到给幼女幼子设计来救父的文书模板，也许这些都早已写在史书中，浸透在从小抓起的教育读本里？

2. 档案名称ntul-od-th33402_002，主要题名"一皂头役汤才为交到盗带到禀讯事"；档案名称ntul-od-th33402_001_00_00_1，主要题名"艋舺街庄陈先注为在途殴抢幸获到案乞恩覆提法办事"。

3. 档案名称ntul-od-th33402_007_00_00_1，主要题名"淡水厅同知陈星聚禀明台湾兵备道夏献纶与台湾府知府孙传衮为辖下艋舺街民人陈先注遭匪徒抢劫情形恳请迅赐批示将萧威等四名匪犯即予就地正法"。

4. 档案名称ntul-od-th33402_016_00_00_1，主要题名"委员候补知县苏金策与淡水厅同知陈星聚为奉批示取具萧威等四名供词拟请将首谋萧威就地正法外其从犯徐取与陈海与陈得等三名永远锁磴以示创惩禀台湾兵备道夏献纶与台湾府知府孙传衮核夺"。

三名永远锁磋,不准假释。"[1]

徐取获刑之后,他妻子的动作才刚刚开始。光绪五年、六年、七年(分别为1879、1880、1881)这三年中,与他有关的文书,都出自他妻子。

光绪五年四月八日,档案里有"徐谢氏为蹈法磋禁釜鱼乞命哀恳天恩赦宥解网事"。光绪五年四月十八日,有"徐谢氏为戮罪蒙赦磋罪莫逃哀恳天恩再宥解网起释事"。

一而再地求情,此时徐取已经被关了两年多。据求情信的内容,这一年徐谢氏40岁,而徐取的老母83岁,文书语调是十分标准的讼师秘本体:请求地方官可怜徐取是"背锅"路人,上有老母下有小,全家期盼他出来,求仁爷"全一家之命,超无知之纪,改前辙之非",望"格外施恩……赐一笔阳春,超宥无知"。

对此新竹刘县令第一次就斩钉截铁"怼"回去:荒谬,不准。毕竟罪名是可以处死的结伙抢劫,此等死刑重案于定案之时已仔细调查过,没办法翻案。但时隔四年之后,徐谢氏就把正犯包装成了无辜路人,"夫徐取途遇盗劫,误获解案,磋押四载",求释放回家。更令人印象深刻的是,第一封求情信虽然显得有套路,也被拒了,但她还敢再写。光绪五年的两次尝试仅相隔十天。第二次,知县刘元陛明着说"尔夫断无释放之

---

[1]. 档案名称ntul-od-th33402_021,主要题名"提讯名单"。

理"，别闹了。

无理怎么办？讲情嘛。罪名不愿认，但既然判了就不占法理，好在帝王"以孝治天下"，何妨从天伦里"钻空子"——八十老母，终于病危。

光绪六年三月八日，档案里有"徐谢氏为冤情委曲乞恩核案查救援超释"。求情内容还是老一套，这次新竹知县换人做了，李知县一样不准。

光绪六年四月十八日，又有"徐谢氏为夫在缧绁母病垂危吁乞核案移查超释事"。李郁阶知县像前任知县一样，明着说"前批已明，多渎何益"。这一年，徐取在押五年。据推算，这一年徐谢氏41岁，抱告堂兄徐立40岁，囚犯老母84岁。但四月十八日的求情信中，徐谢氏还是自称40岁。不知是不是抄模板忘改了。

知县既然不好糊弄，还得强行找理由，只有在孝道上面做文章。光绪七年八月，又有"徐谢氏为昆岗失火累母负妻事"。此番有何新意呢？一则，求情时间改在夏秋之际了；二则，不找知县转而往上找道员了："民妇徐谢氏为夫徐取抵艋为贩，途遇劫盗，混拘锁磜，至今六载，禀请台湾兵备道刘璈恩准谕令新竹县将其释放回家。"估计知县还是去年那位，去了一定被拒，不如换个领导。刘璈恩的批示没存（九月初五尚未发房），但猜得到故事的走向。此次禀词中，徐取的老母依旧活着，但却写成"母年迈七旬"，不知是不是抄书有误。据说老母当时已饥寒交迫,那么前一年提到的老人家病危是已好转了?

求情的套路是否会永远继续,尤其当本县或周边有新官上任时?或许会或许不会。光绪八年(1882),徐取瘐毙狱中。官样文章里说,徐取七月十二日吐血,时任知县的徐锡祉听取汇报后延医给药,然而徐取病势沉重,十四日辰时离世。验尸完毕,无人担责。就这样了结了。

徐谢氏会怎样呢?倘若确有其人,其人确实屡次求情,那她至少在徐取生前都在侍奉公婆,没有改嫁。至于以后她生计如何,只要她不犯法又不再给人求情,档案里是见不到她了。

亲人在牢中等死,自己在外活动求情的也不止徐谢氏。徐取的同案犯陈海是由所谓的表弟上书求情的,也是屡求屡败。[1]求情套路虽有不灵通时,但套路流传于世,被一试再试,似乎也说明一些问题。在文书套语与年复一年的尝试与失败背后,也许还有更多的故事。"前批已明,多渎何益",是啊,不少求情者同时也是渎讼者,揣着明白装可怜,反复求又何益呢?可只要有钻空子的可能,谁又甘心不试试呢?

---

1. 档案显示:光绪五年闰三月十三日,廖福星为表弟陈海途遇盗劫,误获解案老母无养禀请新竹县知县刘元陞释放回家;光绪七年闰七月二十四日廖福星为表弟陈海途遇劫盗混拘锁礅至今六年禀请台湾兵备道刘璈恩准谕令新竹县将其释放回家;光绪七年八月廖福星为表弟陈海途遇劫盗混拘关押六年老母无人奉养禀请台湾兵备道刘璈恩准谕令新竹县将其释放回家;而在光绪八年(1882),五月,囚犯突染瘤肿病症病故。

武力

面对不公,也许只有自身强大,才能挑战成功。成功报夫仇,"事立独扬名"的东海妇,在诗仙笔下,无比英勇。李白《东海有勇妇》中:

梁山感杞妻,恸哭为之倾。金石忽暂开,都由激深情。
东海有勇妇,何惭苏子卿。学剑越处子,超腾若流星。
损躯报夫仇,万死不顾生。白刃耀素雪,苍天感精诚。
十步两躩跃,三呼一交兵。斩首掉国门,蹴踏五藏行。
豁此伉俪愤,粲然大义明。北海李使君,飞章奏天庭。舍罪警风俗,流芳播沧瀛。

名在列女籍，竹帛已光荣。淳于免诏狱，汉主为缇萦。

津妾一棹歌，脱父于严刑。十子若不肖，不如一女英。

豫让斩空衣，有心竟无成。要离杀庆忌，壮夫所素轻。

妻子亦何辜，焚之买虚声。岂如东海妇，事立独扬名。

诗中罗列的典故，缇萦、杞梁妻、津吏女，都是前文分析过的女性楷模。诗仙的"十子若不肖，不如一女英"，虽然夸得敷衍，但这位史上知名刺客的功败垂成，还是能反衬出她复仇的惊险。这位为报夫仇奋不顾身的妇女竟然能"白刃耀素雪""十步两躩跃，三呼一交兵。斩首掉国门，蹴踏五藏行"后全身而退，"名在列女籍，竹帛已光荣"的难度着实不小。

复仇等激烈情绪，能使弱女子化身战士，孤注一掷，以弱胜强。清代《广东新语》卷十九《孝女墓》中芳龄十六的毕家闺女，手刃仇人兼肢解、抛尸，为父母报仇，自称死而无憾。

孝女毕氏，番禺毕村人。甲寅夏，兵往花山剿贼，掠得之，杀其父母，系女以行。女中夜抽刀杀兵，割截肢体，弃池中。天明，众从女索兵，女绐以上山射生未返。

一日见断尸浮出，问之，女曰："是兵杀吾父母，吾故杀之以报仇，死今无憾。"其帅欲释之，诸将不可，乃射一矢以死。随殓之，葬于山麓。

诗人夸她除了与杀父仇人不共戴天外，还有"白茅无辱"。这是真能成立，还是诗人的良好期盼，不好说。一方面，剿贼之正规军本不该是欺凌妇女的法外强徒；另一方面，毕家明确已为官兵所破，毕姑娘恐怕正是那兵卒为了带在身边泄欲使唤，才留了一命。兵卒不知所终后，毕姑娘还被留在军中，也许是要观察她的破绽，或是其他人觉得她还有用。反正不会是乐见她报仇就是了。即便姑娘最后揭破兵卒有罪在先，领导想做个好人放了她，下属却提醒不可，理由估计既是要安抚其他兵卒，又怕毕姑娘说出去。最后，只能一箭射死，权当给了她个痛快。可叹，可怜。

墓志铭说她"魂魄毅然，鬼雄蒲服"，就她坦言杀人报仇那一刻，她复仇的果敢与坚毅，内心的悲痛与不平，足以反衬出将帅行伍中这些名义上的"强者"的虚弱。少女本不具备什么厉害的技能，否则也不会眼睁睁看着父母被杀。她只是燃起复仇之火，甚至心里越恨表面却越顺从和柔弱，等到杀父仇人不设防，在深夜中悄悄割断他的喉咙——"动刀甚微，踌躇志足"，然后把尸体割得零碎，一块一块扔进水里，还要掩饰血迹。这个过程需要的不是一般的体力和意志力，所以文人替她找补，说是"父母有神"。真有神吗？能无憾吗？只能说，当可怜人背负家丑，失去自由，生不如死被掠从军，她是真可怜，也真能发狠。

缇萦事迹代代传，神仙故事也曾见。晋朝干宝的《搜神记》中，武力值高、代父打怪的李寄，也是家中小女儿，也无兄弟。当地有怪蛇，之前采取的方法是祭拜它，献小女孩给它吃。

充当祭品的命运落到李寄身上，这姑娘言语淡定，"女无缇萦济父母之功，既不能供养，徒费衣食。生无所益，不如早死"。她举重若轻，行动力强，杀蛇有章法，直捣蛇巢穴。一人杀蛇，全家得赏，还解决了自己的婚姻问题：越王闻之，聘寄女为后，拜其父为将乐令，母及姊皆有赐赏。

勇猛果决之外，小李姑娘还有非常温柔和悲天悯人的一面。与怪蛇激战获胜后，她对着洞里散落的九具少女尸骸时表示："汝曹怯弱，为蛇所食，甚可哀愍。"作为胜利者，她缓步而归，也没忘记那些被蛇吃掉的弱者遗骸，把九具骸骨都带了出来。借她之力，死于非命者或许可以归家入土为安——虽然她们的家人也许并不在意，而且她们在进入蛇洞时也许已放弃了希望，因为包括李寄在内的十个女孩，都是在家人默许下被献祭的。李寄曾说，"卖寄之身，可得少钱，以供父母，岂不善耶"，侧面说明其他喂蛇少女的父母们应该都是以献女来换实惠的。李寄明白这些，因为她经历过。她敢去，但不甘心等死，所以她要斗蛇；她胜出，但她知道蛇的厉害，因而同情葬身蛇腹的同龄人。这是共情的力量，温柔而强大。

清代还有一位武艺也许不输李寄、共情能力也不弱的李姑娘。《漱华随笔》"李孝女"一则，一波三折。起因很像缇萦：李姑娘无兄弟，父亲摊上事了，抱怨"我以无子至此"。但后续则不是单纯示弱、求强者垂怜，因为李孝女本人文武双全。第一幕，武斗，她手刃一族人，救出父亲，又行刺仇人而惜败。第二幕，文斗，她千里进京告状，希望除恶务尽。第三幕，文武之外，她还通灵：当案子陷入僵局，她"死九日复起"，悲愤病狂中不知发了什么功，仇人竟然不待国法诛杀自己死了。尾声，她活着把寡母、立继之子等照料、安顿好，后事安排好，然后自缢于当初因给她帮忙而无辜冤死的朋友郭维振墓碑前。

鹿邑李孝女，次居三。父（李）麒生与族人挺九及础隙，挺九以麒生四女无子，嗾础率子兆龙殴之（李麒生）几死。女（李孝女）闻，父曰："我以无子致此。"呼天者再而绝。女痛父言，遍以状告，挺九许之金，求解此狱。诱女誓神前，拜未起，口啮其面，抽佩刀刺之，不中。

交讼之官，官直女，问础罪当死，余分别予杖。（李）础惧罪，缢死，（李）兆龙亦以创重死。女以元凶漏网，浼父友郭岩、郭维振偕之京，徒跣披发，泣登闻鼓下。直

四、本事

鼓者哀其志,送河南鞫之。当路疑其与二郭私,终以女辞切不能蒇,而(郭)维振竟以拷掠死。

女后病狂,死九日复起,曰:"罪人斯得。"俄传(李)挺九死矣。乃以礼葬父,养其母,终身不嫁。为母殖螟蛉二,皆为聘妇。

母卒既葬,乃为弟纳室,嫁其妹,亲祭(郭)维振墓,树之碣,以亲墓嘱弟。遂自经死。

李姑娘抗争的一生,跌宕起伏,对不公的命运,始终不屈从。别人以为她家没男丁,欺侮她父亲,她坚持告状不私和;原判没惩罚到元凶,她坚持京控,引发重审;己方帮手被怀疑,被拷打致死,她病狂数日,仍不肯放弃;等到大仇得报,她坚持照料寡母与弟妹,却也坚持不让自己放下过往。能文能武、有情有义的李姑娘,真是"大女主"。她与"父友"郭维振共患难又意难平的情谊,若改成当下的影视剧,一定值得细细展开:原作中,她先未越礼,后又终身不嫁。但她既然是这样一位有仇必报、决不放弃的至情至性之人,恐怕对于有恩者也是同样终生难以忘怀。她不能选择如何生,但对家人尽到了责任,了却牵挂后离世——生之力量靠熊熊燃烧的复仇怒火点燃,而死之意愿,是否来自要与先死之人黄泉相见?但结局中,李姑娘死后复仇之事竟也没能消停:

仇子乘人乱，破棺戕其（李孝女）尸，殓已经旬而血涌不止。仇子亡，捕卒不获。

我有点儿相信这传奇是真事了，因为小说的大团圆不会如此决绝——她死了事还没完，仇家也有儿子，虽不可能杀她了，但仍要破棺残害她尸体。死者可有知？讲故事的人显然希望有"血涌不止"，但刨坟之人逃亡了。这冤冤相报，不知是否到头了。

"武"的定义不止一种，先礼后兵，请来强援，或许也算。《清稗类钞》"义侠类"有一事，讲谢子受帮了陈国瑞的女儿。武将陈国瑞很能打，有战功，后来却获了罪，被罚戍边，死在黑龙江。[1]陈国瑞死后，其女陈某到京城求见亲王，哭诉求助，最终送父柩回乡。《清稗类钞》详载：陈国瑞"有一女年十四五，自关外走京师，因阁文介公敬铭哭诉于醇贤亲王，

1.《清史稿》本传载："李世忠与（陈国瑞）有嫌，相哄，世忠缚诸舟，将毙之。曾国藩劾世忠，革职，国瑞降都司，勒令回籍。国瑞复潜至扬州，因总兵詹启纶殴毙胡士礼狱，牵连论罪，戍黑龙江。逾数年，朝廷犹念旧功，以询大学士李鸿章，鸿章谓其情性未改，精力已衰，遂不复用。光绪八年，殁于戍所。"《清史列传》里有细节："光绪元年，（陈国瑞）潜复至扬，干预寓居扬州之前徐州镇总兵詹启纶主使殴毙监生胡士礼命案，两江总督沈葆桢劾其不安本分，请发往军台效力。特旨改戍黑龙江。八年十二月，（陈国瑞）殁于戍所。"《异辞录》卷一则称，杀人的詹启纶，结仇的李世忠、陈国瑞，都非善类："其后（李）世忠、（詹）启纶皆得罪以死，（陈）国瑞远戍不返，乃其宜也。"

王奏请资送其柩回南,一时争言其女为缇萦复见"。

被誉为"缇萦复见"的陈家女,后来嫁到雷家,又打了一场与庶母争父产的继承官司,最后母亲不给,她就硬抢,也算是另类的"文武双全"。有司因听闻雷陈氏的事迹,从其所愿,享有盛名的她到底得了实惠。

女许字雷太常以诚之孙。(陈)国瑞有数千金,在妾某氏所,合官吏赙赠,殆将万金。嫁女时,妾为之主,资从甚薄,雷渐不能自给,女数告贷于庶母,后遂厌之。妾居扬州尼庵,以数千金资其母弟,开钱肆,女益愤,自率健儿奔入庶母所,以索还雷氏原聘朝珠为词,搜其金饰数事去。庶母驰赴甘泉县署,报白日抢劫,县令林之蘅饬役逮捕。

女诉之于淮扬道,道为临桂谢子受,习闻女贤,欲缓其狱,甘泉令乃径以抢案具详。谢传见女,问其详。女青裙屏饰,举止端详,陈说庶母寡恩及家世衰微状,涕泪迸集。谢(子受)恻然,移书陈舫仙廉访,饬令细查情节禀复,毋鲁莽。又属令谕其庶母资雷千金了案。后谢(子受)行部扬州,金迁延未缴,女复诉,谢(子受)为假坐扬州府大堂,饬甘泉令立提陈妾之弟至,责令即具金交女。此光绪壬辰事也。

陈国瑞的妾，名义上是雷陈氏的庶母。庶母寡居于尼姑庵，似乎没生下一男半女。但庶母手握陈家的钱财和雷家的聘礼，对雷陈氏吝啬，胳膊肘往外拐。雷陈氏气不过，积怨发作，要直接动手"拿回"本属自己的东西。她"自率健儿奔入庶母所"，说是找东西，其实是把值钱的都拿走了。庶母转身去告"白昼抢劫"，看着不算诬告。等县令缉拿抢犯，雷陈氏转身去找了县令的上司。淮阳道谢道台与县令意见冲突，又往上给省里领导写信说情，长官们联手给县令施压，终于将抢劫大案消弭于无形。长官意见看上去是息事宁人，其实雷陈氏吓唬了人，给了钱财。她庶母虽然告了状，但不但没人受罚，自己还得出钱，若拖着不给，娘家的弟弟就得遭殃。谁亏谁赚，一目了然。按名分算，这简直是一反常态的"大腿拧不过胳膊"。

跟明代李玉英比，雷陈氏何等硬气。这场抢钱风波中谁对谁错、谁掌握话语权，也值得思索：道理果真都倒向了所谓"缇萦复见"的孝女一边？

在文武能力的最后，顺便来说一下有关"妇人之手"的刻板印象问题。

古人形容帝王不知稼穑艰难，往往用"生于深宫之内，长于妇人之手"。宫内是事实描述，"深"带有价值判断——出宫难，信息灵通难，体察民情难，等等。而"妇人之手"，便是兼写实与贬义了。即便此类话语出于帝王谦辞，"妇人之手"

也没有夸妇人的意思。

礼教细密如网,从生到死都应警惕"妇人之手",是依托于礼的要求。如《仪礼注疏》卷四十,"男子不绝于妇人之手"。礼别嫌疑,无孔不入。这项守则,贵为王者要是没做到,死后也会挨骂,要是为妇人所杀,更不是什么体面事。苏东坡赞周成王,理由之一便是成王死得体面不越礼:"成王将崩之一日,被冕服以见百官,出经远保世之言,其不死于燕安妇人之手明矣。其致刑措,宜哉!"苏过《读楚语》也讲到了一般原则:"死生之际,圣人严之。"当然,此条原则本意是重仪式,《礼记集解》卷四十三丧大记引郑注:"男子不死于妇人之手者,谓所使持四体、属纩之人,皆以男子,而不以妇人也。"君臣儒士依礼行事,甚至层层加码地守规矩,已被载入史册。《旧唐书·李大亮传》写他死前上表忧心国事,然后下令屏退妇人,这才咽了气,终年59岁。《宋史·孙奭传》,孙死前移到正寝上,屏退婢妾,告诫儿子孙瑜,"无令我死妇人之手",终年74岁。明清亦有多例。张履祥《言行见闻录》卷二,钱允鲸将死,等来老友托孤,"周宜人及诸女姬妾在侧,公命之退。呼长子前曰:男子不死于妇人之手。未几卒"。

可要是严格依礼行事,若淳于意寿终正寝,正确的做法,也是要屏退所有女儿,包括救他的缇萦?若淳于意被释返乡,途中身故,临终就没有什么话讲给缇萦听,并让她转达给其他人?我不禁觉得古人的笑话里透露着某种真相,制礼的是周公,如果换成周婆试试?

　　与之相映成趣的,是"衣不解带"这个成语。形容的是汉文帝。用这个成语夸他尽心侍奉生病的母亲,是要说明他有"大孝"德行、配当皇帝。而这个成语及其原初语境,被后世沿用。吊诡的是,照顾家中病人、老人的重担,大多数时候明明落在媳妇、女儿身上,但每当"衣不解带"被使用的时候,几乎都是在描绘男子的尽孝,是物以稀为贵吗?当我阅读李贞德《女人的中国医疗史——汉唐之间的健康照顾与性别》(三民书局2020年版)时,被书里的这个追问震撼。

　　"妇人之手"被防范,"头发长见识短""莫听妇人言"等话语也不鲜见,但别忘了被忽略的常态和明摆着的例外:谁说她们只能"创造创造者",只要有机会,她们能救人;努力标榜要远离"妇人之手"者,本来也靠妇人得生,更不乏靠妇人得救者。

　　尽管武艺高强有用,很多奇女子的真正实力却不仅如此。无论是代父受刑,还是为夫报仇,事成与否,穷究起来也许都免不了某种令人胆战心惊的偶然性。她们对抗命运的强大力量,或许来源于武艺,但更来源于不屈不挠、不认命的意志力。古人说起"勇士",要么忽略女流,要么称赞个别女子有"男子气概",其实论心论迹,但凡以贞孝等著称的列女,都是当之无愧的孤勇者。她们有的力战有形的困难,比如杀人和打怪;有的则要力克日常中的风刀霜剑,挑战无处不在的成见与障碍。从这一意义上讲,木兰是战士,缇萦也一样——各种难关是广义上的战场,她们或文或武或文武双全,都是迎难而上的战士。

贞节

"全孝全忠又全节",缇萦、木兰等"善女子",既要冲破一切困难,取得成功,又要迎合各种标准,任人评说。

如《"三言""二拍"的世界》(陈永正著,天津人民出版社2020年版)在《兼论女强人》一篇的结尾所言,耐人寻味:

> 女子胜于须眉,自然是件好事,但也不一定要把女郎"变"作男子。近来有些报告文学家、小说家笔下的"女强人",多半是男性化的,只有阳刚之气而无阴柔之美,巾帼等于须眉,那就无所谓巾帼了。

能文能武还要柔美,"理想型"女子的塑造,不亦难乎?其实这还不算说尽,"女强人"和"男性化"这类用词实则相当局限:"强"乃是人类之属性,岂是"男子气概"所能涵盖?如前所述,在决心与勇气上,须眉巾帼本无异,但因评价体系的单一与书写者的局限，呈现出不同侧重。之前说过，孝女孝子都能救父，甚至在示弱方面，弱女子仿佛还更容易打动强者、获得施恩。但在"贞"的要求上，只对准了妇女：她若是救父途中"失节"了，恐怕这故事就拿不上台面了。这样看来，古代对"巾帼"的评价体系，识文断字、沉着冷静、能言善辩、披荆斩棘、斩妖除魔等不必说，还都得建立在一条底线上：必须作风清白到无懈可击，才有被视为楷模的资格。因此，难上加难，说的就是这些女性行动者，她们之所以意志坚强，恐怕既是因为小小年纪无知无畏，也是因为深知自己要面对的障碍太多。就算变装行事，除非"不科学"的真正变性，否则都逃不过最严苛的贞节审查。

从这个角度，关于木兰贞烈而死的传闻，荒诞之余更显得恐怖。

缇萦多亏年纪小，且汉代史家的笔触又太过节制规矩，关于她救父后功成身退、安静离场的情节中，在对帝王仁心歌功颂德之余，少有人追问少女缇萦还有多少能溢出"孝"之边界的故事。而在木兰身上所驰骋的想象几乎无边无际，甚至五花八门。第三章"真假"中提到元人给木兰设计了"孝烈"的结局，看似无聊，其实评价标准的跑偏，非元人独有。在漫长的古代，描绘木兰的重点，要么在不分性别的"孝"上，要么在限定于女性的"贞"上。越往后，"贞"竟越占据主流。

唐人编《独异志》讲到木兰，"古有女木兰者，代其父从征,身备戎装,凡十二年,同伙之卒不知其是女儿"。读来感觉从征十二年出生入死,也不过如此——隐瞒女儿身是她最大的成就。晚明谢肇淛在笔记《五杂组》卷八"人部四"中也同样感叹,"木兰为男妆出戍远征,而人不知也,可谓难矣"。今人对木兰的看法,更多受清末以来的女权运动中崇尚"英雌"/女英雄的影响。而在此之前,明清人士眼中的木兰和关于她做人的成功之处,除了有如《女二十四孝》中"孝女"的定性外,便是认为虽不得不进入军营却保住了女子最根本的"名节"价值。越往后不知是否越"向内"而评价标准越单一,青史留名的列女与民间传颂的奇女子逐渐如出一辙,无不先"赏玩"她们的贞,其次才是勇与谋。

明代吕坤编女德教材《闺范》,把木兰归为"贞女类",就很有代表性。吕坤抬高"贞女"的理由是:

> 丈夫事业在六合,苟非斁伦,小节犹足自赎。
> 女子名节在一身,稍有微瑕,万善不能相掩。

所以,在女德教材的编者看来,即便木兰作为战士,成就已不容小觑,事业已跨出了闺门,但"木兰代戍"作为佳话的先决条件,仍然而且必须是"贞女"。

吕坤这样一位理学家说木兰,重教化而不重考据,他编的女德教材里说木兰是唐代商丘人,代父戍边十二年,"清白之操,可比冰玉"——抛头露面而"人不知其女也"是其终极成就。然后说《木兰辞》是她"归,赋戍边诗一篇"。后面的案语也很有"春秋笔法":"三军之众,十二年之身,人且不知其为女也,又何从而议之?"这无非是说明"若木兰者,人何尝有失身之议哉"。似乎还是在说她最大的功绩就在于装得像、瞒得住,坦坦荡荡,不引人生疑。这不是从女性身上看到其作为战士的一面,而是将战士打回模板化的性别身份:不必建功立业,只求名节无瑕。吕坤也用打比方来升华意义——女子守节的重要性正如君子立身之清白初心,因此贞女亦可用来激励男士:"士君子处世,独知之心,可质天日;同人之迹,可和尘光。木兰其我师哉!"

话虽如此,还是感觉别扭——"世之君子,坚白之真,不足以当磨涅,瓜李之地,不敢顾其履冠。夫唯不可试,故不敢以自试;不自信,故不足以信人",他举"安能辨我是雌雄"的木兰为例,是要影射男子初心不够坚定,因而不敢放胆一试,行事放不开手脚;他说木兰的清白操守表面上体现为"人且不知其为女"和不失身,实质是意志坚定,因其扮男装自信而令人信服。这固然是很高的赞誉,却也是高高捧起的沉重压力。假如木兰露馅了,比如舍弃原本的性别身份和生活,或是主动跟出生入死的战友说出了自己的秘密,又或日渐成熟的木兰在战时坠入情网,像现代很多改编的影视作品那样,在远离父母亲人的地方发展出新的亲密关系,那她是否就抹不去"万善不能相掩"的名节污点，变得不可信又不可学了？

试问，木兰最初代父从军之时，有想过这么多吗？她怎么想的不好说，但千载传颂她的故事的过程中，后来者显然越想越多。在明代的女性世界中，要想名声好，必得守节，但做到了守节，也未必不是九死一生。《五杂组》作者在感叹木兰扮男装竟能瞒得住战友"可谓难矣"之后，又列举了木兰之外的数位前代奇女子——"祝英台同学三年，黄崇嘏遂官司户，娄逞位至议曹，石氏衔兼祭酒，张謇之妇授官至御史大夫，七十之年复嫁，生二子，亦亘代之异人也"，这既是为了介绍"女子诈为男"存在多例，又为了引出明代的两位典型。

明代这两例故事的主角，与男子同行而名节无瑕，一位是四川不知名的韩姑娘，一位是南京的黄姑娘善聪。谢肇淛在《五杂组》里讲，"此二事《焦氏笔乘》所载，前事甚似木兰，后事甚似祝英台"。韩姑娘因有从军经历，所以更像木兰。但另一方面，《双槐岁钞》卷十的"木兰复见"一则，被时人赞为"木兰复见于今日"的，却是黄善聪。这也不难理解，在上述明代人的判定标准中，从军与否倒是其次，关键在于她们虽然不得已跟男性打起了交道，但只要掩盖得了女性身份，保住了"清白之操"，就是和木兰一样值得夸奖的"贞女"，事迹不同却不影响"贞女"这个本质。

因为黄善聪的相关记载中有包括名字、来历、言行与下落等较多细节，我们重点来看她的故事。她与韩姑娘并称为"两贞女",均写入了《明史·列女传》。在我看来,最难得的是,在被明代官方表彰的列女中,在各种(自愿又或为生活所迫)毁容自残、自杀被杀、对抗天性等故事中,她算是少有的过程不太惨(虽然也有波折)、结局一点儿都不惨的:稳稳当当地扮男装,稳稳当当地活了下来,甚至顺顺利利地嫁了人,终不负"善聪"之名。

《明史·列女传》中先叙明初韩姑娘"韩贞女"事,较简:洪武四年嫁到尹家(便是尹韩氏了),不过还是以贞女闻名;后言黄姑娘扮男装化名张聪贩香经商,跟李英结成商业伙伴,后来恢复女儿身,嫁到李家,成为李黄氏,但重头戏不在婚配结果,而在她如何自证、自保其"贞",结尾一句"判为夫妇"也暗示着这场婚姻不简单。

明人的《双槐岁钞》记载更详。首先是小黄姑娘的家世:十二岁没了娘,姐姐嫁了人照顾不了她,老父亲贩卖线香为生常出差。人道是"商人重利轻别离",怜惜幼女的老黄显然不是,他是工作带娃两不误,但随着女儿长大,外面世界复杂,"乃令为男子饰,携之旅游者数年"——小黄男装一穿便是七八年,到她嫁为人妇前,换回女装时,是弘治四年(1491)正月间,她已是二十岁了。

黄姑娘对男装生活虽日渐熟稔,但也感到日益艰难。父亲在世时她给父亲当助手,有长辈庇佑,只要瞒着外人就行。但父亲后来死在外地,小黄只好化名张胜,继续贩香营业,好平安归乡。可巧遇上同乡又同行的贩香客李英,总算在外有了个伙伴。原本素昧平生之人,小黄必得一瞒到底,没法说破也就没法讲究,"与同寝食者逾年,(黄)恒称疾不脱衣袜,溲溺必以夜"。还好南方不是大澡堂,但夏天捂得严实也够难受的,可能还睡不好。不过跟后面的难题比起来,这些苦也都是小事。

最让善聪姑娘为难的,也许还不是在外的生活,而是回了家后姐姐见她一身男装,推测"男女同处,何以自明,汝辱我家",嫌她败坏门风,要闭门不纳。善聪近乎要以死明志了,表示"妹此身却要分明,苟有污玷,死未晚也"。于是稳婆来验明其"贞",这才被姐姐认可接纳、回家——以证明"贞女"为前提,恢复了黄家女儿身份。

倘若是戏剧,前面已有两幕,第三幕该是高潮到结局,也少不了波折——贞女的传奇路上简直没有"容易"二字,无论是普遍的居家者,还是不得已走出闺门的冒险者。本来结伴回南京过年,各回各家,李英过了三天来访,"善聪出见,英大惊愕",处得来的生意伙伴突变女娇娘,李英恍恍惚惚回家,怅然若失,茶饭不思。他母亲是明白人,闻弦歌而知雅意,迅速采取行动,决定走明媒正娶流程,来找黄善聪提亲。

对无父无母、生活坎坷的小黄来说,知根知底的生意伙伴李英算是个好选择吧?但黄善聪却不同意。我们看来的好选择,在小黄推想中却是个麻烦:男女相识于未嫁时,难免瓜田李下惹嫌疑，她深知人言可畏，虽说好不容易证明了之前的清白，但若最后还是嫁给了李英，"人其谓我何？"亲邻也都劝——大概主要是她仅有的亲人长姐（这里倒显得姐姐不近人情，不愿意为小黄的幸福打算了），大概也是出于一片好心。因为明眼人都知道，即便小黄是个精明又不失清白的奇女子，但"少孤"兼曾"男女同处"都是"短板"，李英还愿娶，简直是过了这个村没这个店，但小黄坚决不同意，还连哭代骂、诅咒发誓，闹腾得很。最后"事闻，三厂勒为夫妇，且助其奁具"，权威入场，成人之美，正了名声，风光大婚："成婚之日，人有歌之者，以为木兰复见于今日。"

《焦氏笔乘·我朝两木兰》情节略同，叙事更周密，解释了姐妹重逢时说找稳婆就找稳婆，是因为"其邻有稳婆"，很方便。且姐姐确信妹妹清白后便一反前面冷淡态度，亲手给妹妹换下男装，"相持恸哭，手为易男子装"。李英第二天就来找善聪，"再约同往"，耐人寻味。善聪不嫁，"倾都宣传，以为其事"，三厂即厂卫。不知哪位大佬拍的板，成就一段佳话："乃助其聘礼，判为夫妇。"

有清人李传煃工于诗又怀才不遇，作《贩香曲》咏黄善聪。开篇套路"黄家有女颜如玉"，但后面也描摹情态，写得可怜。没娘的小姑娘，"每从阿父牵衣哭。阿父无儿半百过……闻道木兰曾戴帼，闺娃且作江湖客"。写着写着就又拐到"颜如玉"上，"十三十四妙龄时……绝胜人间好女儿。众眼模糊心窃笑,背人偷向菱花照"。李文泰《海山诗屋诗话》评此诗"叙事亦庄亦谐,令人忽愕忽喜"。《贩香曲》合理想象,描摹传神,"一自身随阿父旁,金针不复绣鸳鸯,习成握算持筹事,年去年来贸易场",这也是种生活。试想,等她嫁给李英,还出得了门吗?是夫妻搭档在外面跑,还是她留在家里养儿育女?好容易学会的算筹是不是就此扔下,转而开始学女工呢?诗中又说出故事"题眼":"十年自保千金璧,万死谁知一片心",可叹。"旁人似觉迂而执,当道深嘉淑且贤……守贞抱璞人皆敬,佳偶奇婚世所稀",结尾点出事件的"戏剧性"(如明朝唱本《贩香记》,又如汪昌朝著传奇之一《黄善聪诡男为客》,等等):"新人如故故人新,犹恐今朝真又假。"

说到善写"情",还得是冯梦龙。《喻世明言》之二十八"李秀卿义结黄贞女",也是以黄善聪为创作原型,但添加了很多细节。比如说善聪之父人称"黄老实",善聪之姐名曰"道聪",善聪之母病逝时道聪已嫁给张某,黄老实"思想女儿在家孤身无伴,况且年幼未曾许人,怎生放心得下?待寄在姐夫家,又不是个道理。若不做买卖,撇了这走熟的道路,又那里寻几贯钱钞养家度日?左思右想,去住两难",最后才想出把善聪说成道聪之子带出的办法。还写出了善聪一贯的"老实"和小心:"黄老实下个单身客房,每日出去发货讨账,留下善聪看房。善聪目不妄视,足不乱移。众人都道,这张小官比外公愈加老实,个个欢喜。"但在冯梦龙的笔下,善聪是十四岁时丧父，二十岁时觉得回乡条件成熟，"这几年勤苦营运，手中颇颇活动，比前不同。思想父亲灵柩暴露他乡，亲姐姐数年不会，况且自己终身也不是个了当"，这才跟李英商量回程。为了铺垫黄善聪独立讨生活又能坚守贞节，让她与在世唯一的亲人黄道聪多年音讯不通，实在是非常戏剧性。小说家还细细写出"朝廷选妃，都用此法"，用以检验黄善聪是否为童身，却没请稳婆，而是由道聪亲自"引入密室验之"。至于善聪"欲表从前清白操，故甘薄幸拒姻亲"这一难题的解法，冯梦龙设计守备太监李公玉成此事，也是为了突出戏剧性："节操恩情两得全，宦官谁似李公贤？虽然没有风流分，种得来生一段缘。"

冯梦龙这一写法的妙处，不仅在于叙事跌宕起伏，还在于他开篇列举了几类人，且归类新颖别致、引人入胜。他说"古来妇人赛男子的也尽多"，这是套话，不足为奇，但接着他把"有智妇人""赛过男子"的归为几类：（1）"大手段的歹人"，如吕后、武后；（2）"大贤德、大贞烈的好人"，如卫庄姜、曹令女；（3）"大学问、大才华的文人"，如曹大家、班婕妤、苏若兰、沈满愿、李易安、朱淑真；（4）"大智谋、大勇略的奇人"，代表是"锦车夫人冯氏、浣花夫人任氏、锦伞夫人冼氏和那军中娘子、绣旗女将"；（5）除此之外是"奇奇怪怪、蹊蹊跷跷"又"可钦可爱、可笑可歌"的女子，虽无前面几类人的大作为，却也是"说处裙钗添喜色，话时男子减精神"的

"没阳道的假男子、戴头巾的真女人"。他把前朝的木兰、祝英台、黄崇嘏和本朝弘治年间的黄善聪都归入第五类,虽然仍不免围绕着"贞"做文章,但这一类"走下神坛"的奇女子,尤其是同样以"谈婚论嫁"作为故事华彩篇章的祝英台与黄善聪,形象更加亲切生动起来了。而相较梁祝化蝶的凄美,善聪难能可贵,得以善终。

善聪体面嫁人,在那个年代算是有了好归宿,大概率能确保她的善终。不过,这都是她自己争取来的,她敢于不动情,或者说不敢动情,这可视为一种深嵌于礼教中的抉择与权衡。在善聪姑娘心中,保住清白名声,比婚姻大事重要许多。

如果"失贞"会成为评价体系中女子"万善不能相掩"的致命伤,不惜一切"守贞"也就变成了生命的终极意义,甚至是她们一切勇与谋的指向。

事实上,对缇萦与"再世缇萦"、木兰与"木兰复现"来说,孝女要做出的抉择,有时比孝子更多——女性"名节"既然不允许有一丝裂痕,那么"贞"恐怕和"天下无不是的父母"一起,成为横在她们头顶上方的两把利剑,封死了更多的路。而一旦"贞"与"孝"发生冲突,"贞女"恐怕就进退维谷了。

从前述的故事不难看出,救父的多是未嫁女。这也许是因为,她们既能自始至终保持"贞女"身份不被"污染",又可在"未嫁从父"的名义下义无反顾为至亲尊长付出一切。理想境界是相似的,现实中却各有各的难处。

取舍

救父的本事,是综合能力。前面说的识文断字、能言善辩、有勇有谋等,是"加分项";不能失贞,则是底线。在这些基础上,综合能力体现在面对困境时的抉择或取舍。这种能将人逼到极限的取舍,多发生在兼"为人妻""为人女"的女性身上。

有一类特殊的未嫁女,未过门但已订婚。为了行孝救父,她们即便已有婚约也要推迟婚期。

康熙朝就有泰州人蔡蕙,为父求情而不惜拖延婚期。她是家中长女,父亲蔡孕琦获罪,蔡蕙等了四年,抓住康熙帝下江南的时机,伏在路边上疏,称父亲是被仇家陷害,自己"日夜悲号","愿效缇萦故事"。最后总算是成功了——父亲免于一死,蔡蕙出嫁。结局皆大欢喜吗?未必。

蔡蕙是被写进《清史稿·列女传》的人物。史家开篇点出了她的社会身份:缪浒妻蔡,名蕙。但她的主要事迹跟丈夫关系不大。乍一看，蔡蕙有效法缇萦的"自然条件"——家中五女，她是其一。但与缇萦其实又相当不同，她是家中长女，当时跟缪浒的婚约已有，只是还没过门。当父蔡孕琦"坐法论死，系狱待决"的变故发生时，蔡蕙便开始了"绝嗜好，屏服饰，寝不解衣，严寒不设炉火"的苦修，在等待救父时机出现的四年间，未婚夫也曾请婚，但她推辞了。康熙二十八年（1689），皇帝下江南，蔡蕙终于等到了机会，完成了一次类似缇萦上书的为父求情行动，而且作为效仿者，她直接把文帝怜缇萦的典故搬出来：

> 妾闻在昔淳于缇萦为父鸣冤赎罪，汉文帝怜而释之，载之前史，传为盛典。今妾父（蔡）孕琦被仇害，自逮狱以来，妾日夜悲号，吁天无路，每夕遥望宸阙，礼拜数千，于今三年，寒暑靡辍。今幸驾临淮海，是诚千载奇逢，妾愿效缇萦之故事，冒死鸣哀，伏维天鉴。[1]

过了四年苦日子，蔡蕙求的是什么？"唯祝玉辇南巡"，求

---

1. 王士禛《居易录》卷八与严有禧《漱华随笔》卷二有"女子叩阍"亦载此事，对蔡蕙上疏中的前几句录得更详："……自逮狱以来，妾不解带，卧不登床，捐膏粉以谁施，弃绮纨而弗御。日夜悲号，吁天无路。每夕遥望宸阙礼拜千余。于今三年，寒暑靡辍。唯祝玉辇南巡，妾父盆冤见日。今幸驾临淮海，是诚千载奇逢……"

的是个转机。而这种转机,自然要得益于权力大过地方法官的人。虽然提到了"盆冤见日",但事件的性质比起"讨个公道"来,还是更像"求个情面"。从这个角度看,蔡蕙的上书不能以申冤看——她只是用"被仇害"这三个字就一笔带过了父亲获罪的前因,重点是详细描绘自己如何于四年中艰苦度日,把所受之苦与皇帝下江南联系起来,更显"孝感动天"了,以这样的低姿态和给皇帝的"高帽子"换来一个转机,似乎也不为过。

从这个逻辑上讲,我们似乎也能理解蔡蕙为什么不嫁。做了人家的妻子,就要承担起妻子的责任,就很难心无旁骛来折磨身体、经受苦难了。而不经受苦难,上书求情就难以打动人。试想,要是父亲下狱三四年,女儿变得又富又美还抱着个白胖小娃来,这还怎么效仿缇萦?

至于蔡蕙为何不去京控,而要在家乡等皇帝南巡,不知是不是她从哪里听到了消息,或是有人给她出了主意。更何况,京控所需的人力物力,凭蔡家五个女儿,可能很难张罗出来。能靠蔡蕙的夫家吗?别说她拖着不嫁,即便嫁了,估计不被嫌弃娘家拖后腿就不错了,未必说得动夫家倾力相助。蔡蕙处境是真艰难,她自己走不出去,只能在家乡熬下去;别处借不到力,只能对自己下狠手;不退婚是还想有未来,不结婚是要先过眼前难关。蔡蕙这进退维谷的三四年,可以说是赌上了自己所有,只为等一个转机。

时机从天而降,她接住了,成功了。虽然蔡孕琦并未无罪释放，可他起初也未必就无辜。父亲被判死罪——应该是绞监候或斩监候后，年年秋审，但都没有勾决，没有实际执行死刑。至于她上书声称父亲"被仇害"，这个词实在是个求情的常用语，带有主观色彩：没欠钱、没杀人却被诬陷，当然是"被仇害"，可欠了钱、要了人命，被告了，也不耽误把故事说成"被仇害"。关键的罪之有无，求情者往往不说，之所以不说，大概是不好说，经不起细究。蔡蕙上疏，固然以苦情触动皇帝，但精明的皇帝看过了求情信，并未当场拍板，而是"下其疏江南江西总督覆谳"。毕竟是皇帝过问过的案子，复审可不能大意，第二年，康熙二十九年（1690），蔡孕琦得以减死，较详的说法是"免死，改城旦"。这说明什么？皇帝的过问毕竟有用，既然没直接把上疏退回去，而是交给了臣子来处理，那接手者自然要反复权衡，不能成了皇帝彰显仁德的绊脚石，所以无论如何，也要往轻里发落。从死刑减到徒刑，至少是轻了两等，不知耗费了江南官员多少脑细胞才找出减刑（而非翻案）由头。可想而知，跟蔡孕琦同样情况的囚犯，没有蔡蕙那样的家人、没她那样的付出，也是白搭——毕竟网开一面的转机，不像"虽迟但到"的正义那样恒常，而是需要措词、需要吃苦、需要无辜而柔弱的至亲赌上未来去争取的。

　　蔡蕙从死罪中救了父亲，她满意了吗？似乎满意了——她终于跟等她四年的未婚夫成婚了，可谓父、夫两不辜负。然而，嫁给缪浒的蔡蕙，不到一年便一命呜呼。"蕙归浒，未一年，卒"，我想这早逝跟她夫家未必有直接关系，主要还是她在父亲下狱这三四年"寝不解衣，严寒不设炉火"等所致，生活艰苦，心情抑郁，情绪紧张，都可能造成难以复原的损伤。

因此，所谓皆大欢喜，看从什么人的角度来说。缪浒本人，似乎故事不多，主要因妻留名。而蔡蕙之前也许就靠坚强意志支撑，嫁过去硬撑着不到一年，也许缠绵病榻都得有个小半年。她应该是没留下子女，丈夫自然还会续弦。

此事的最大赢家，还得说是靠女儿得救的蔡孕琦。严有禧《漱华随笔》卷二有"女子叩阍"，末尾多说了一句蔡家情况。"今山东聊城令蔡莅，即蕙弟也"，说明蔡孕琦不但有命且有嗣，不知是他入狱前已有幼子，还是出狱后又有妻或妾给他生了儿子。反正不论多少子女，他遭难时，牺牲生活、冲上去的是大女儿蔡蕙。粗略估算，蔡蕙死于1690年，1746年时蔡莅在当县官，姐弟俩是否见过？[1]蔡莅后来因命案被参，官箴

---

1. 蔡莅其人，清史不载。《清实录》里提到一点，乾隆十一年（1746）正月山东巡抚上奏关于聊城县民王天瑞、徐二胡被殴身死案的调查结果，原来是乾隆七年（1742）时因县令蔡莅验伤不实，虽然将蔡莅题参，但后来委员审理也始终没能破案。关于蔡家幼子，据雍正六年（1728）刻本的《泰州志》卷六《列女》因蔡蕙的请求，"有司复核，以（蔡琦）以迂直致诬情状上，旨释还，父女相携归里。而琦以余年习旧业，复试南北闱。生子滋、莅，年七十八考终于家"。同书卷五《选举志》载，蔡莅时为州同知，蔡滋时为主簿，州同知是从六品，主簿正九品，推测蔡莅、蔡滋可能在康熙末年最迟雍正初年就因为他们大姐蔡蕙的巨大名气而被人推荐做了官。

里常讲"私罪不可有,公罪不可无",又有人说基层官总"背锅""州县官如琉璃屏,一触便碎"。所以蔡苾是忠是奸,有无能力,不好判断。他沾到姐姐名气的光,倒是可以推测,毕竟孝女蔡蕙在康熙朝实录里便已留名、获得旌表。

另一类特殊的未嫁女,是"守活寡"的年轻女子。《玉光剑气集·列女》中记载的寡妇施寅的救父故事也告诉我们,"贞"的枷锁如何牢不可破,作为古代女性生存的意义指向,可能凌驾于亲情之上。

> 施氏女名寅,其先浦口人。父(施)益政,避寇,家金陵。年十七,归黄氏子。子病甚,舅姑急欲得女以事之,未成妇也。婿卒不起,女求殉不得,恐舅姑夺其志,乃归父母家,织纴自给。

从年龄上说,诗寅还是少女,按现在的法律还未成年。但她已青年守寡——其实是对方病重冲喜,几乎像结了个冥婚,她几乎要为了这徒有虚名的夫妻关系而"殉夫"——没死便决定守活寡一辈子。为了不被公婆强令改嫁,她就离开夫家回了娘家。娘家似乎不缺她一碗饭,更可贵的是,她只想要个能安心守节的生活场所,自己并不缺谋生技能——"织纴"达到了"自给"的程度。这可不是虚夸,在后文还能发挥作用。

亡何，父领运输不及额，下京师狱。女闻之，谋改装入京救父。会朝命漕挽积逋，下所在省会追补，（施）益政遂下江宁府狱。女乃髡发男装，携幼弟省父于狱。父知之，大恸。自是，间数日一偕弟入视，出则刺绣易米以供父母及弟妹。

本以为要死水无波、守寡终生，结果她父亲施益政欠了朝廷一大笔账还不上，锒铛入狱。守寡的女儿也成了家里的顶梁柱，她既要带着年幼的弟弟去探监，也要打点狱卒让父亲少吃点儿苦。为了方便抛头露面，她"髡发男装"，作男子装扮。隔几天就带着弟弟去探监，为了多少能了解些信息，也安抚坐牢的人。其他时候"刺绣易米"供牢里牢外的家人，可见她的技能不但足以"自给"，还能养活父母和弟、妹。而且探监打点的钱，等父亲攒下的家底用完，还得用施姑娘的手艺来换。

另一方面，若不是当场识破，只要稍加打听，有心人很容易就知道扮作男装的施家"长子"是女儿身。她的辛苦有目共睹，有人竟来跟她谈起了交易——说是求婚，其实更像交易。

有贵人慕其行，持千金求聘，曰："归我，我力能出尔父。"

女曰："救父诚所愿，奈辱身何！"谢之去。

这是交易也是考验。千金不是小数，远超寻常聘礼，千金能帮父亲还账，是施家人如何劳作也赚不来的。机会难得，"救父诚所愿"，但施寅拒绝了。

也难怪，"慕其行"的贵人，若真被施寅的道德光环吸引，见施寅避难就易、痛快改嫁（且不说是做妻还是做妾），这光环恐怕就要"打折扣"；若贵人"慕"的其实只是施寅的貌而非她的人品，那么这钱与其说是聘礼，不如说是买断了施寅终身。无论如何，施寅愿为父亲而劳作，但她不愿玷污名节，以"奈辱身何"为由拒婚，放弃千金，态度坚决。但从后文可见，她心中未必无波澜：因为救父实在太难了。

> 亡何，父病笃，女怀牒诣漕司庭，长跪而号，请代系，出父就医。漕司为心动，准保释归，逾月竟死。乡里感其义，醵资以敛。女朝夕上食，叩棺而呼，竟以成疾。疾革，犹呼父者三而死。时年三十四。

父在牢中生重病，她跪求漕司，其父得以取保就医，死在家里。多少囚犯都瘐死狱中，能保外就医就算是施寅努力为父亲求来的优待了。她求的是漕司而非生杀予夺的皇帝，地方官也只能在规则允许的范围内表达同情。施益政至死都是有罪之身，只是临终与丧事在监外，也算是对他和家人的安慰吧。"乡里感其义，醵资以敛"，似乎从侧面说明施家已无余财，施寅的劳作能支撑的也只有温饱而已。当初施寅面对贵人的提议，当真是做了艰难的抉择。

施益政死后，留下妻子、大女儿、小儿子和小女儿。其他人不知如何，节妇与孝女施寅因父丧哀伤成疾，服丧中一病不起，不久病故，时年三十有四。

嫁与不嫁都可能是悲剧。如果说蔡蕙的嫁，是有约在先、得偿所愿，施寅则是为照顾家人、保全名节而守寡半生、矢志不移，两位女士的婚姻都是承父母之命的话，下面这位纠结的孝女，似乎就是以自己的意愿选择了"交易"，为的却是让夫婿满足她救父的需求。《玉光剑气集》"贞烈类"写到张澹娘短暂的一生。待字闺中的碣石人张澹娘，为了救父而选择嫁人。她先是委身舟子以赎父出狱，后因未婚夫意外身故则以身殉之。

> 父以命案，株连系狱，行贿数十金，罪可脱，而家贫不能措。（张）澹娘愀然谓母曰："儿不能学缇萦、曹娥，杀身救父，有能出聘金数十借脱父罪者，不问谁，愿以身从之。"有陈某者，舟子也，年四十，愿出聘金如数，父遂出狱。

澹娘把"以身从之"作为筹码，是故事的前半段。这里包含着两重交易。孝女目标明确，"不问谁"都可嫁，只要能帮她行贿办命案者便可。这是其中之一。另一重交易，原本与她本人无关，是她父亲张某"以命案株连系狱"，只有买通官府方可救命。但两重交易环环相扣，深深影响张家人的命运。而正如官府与平民间即使能交易，也并非平等的，陈某与张家也同样不可能平等地坐上谈判席。张家穷，急，无助，一大笔钱是救命稻草。让澹娘嫁人——反正她无论如何都得嫁人——即便"不问谁"，似乎也好过让父亲系狱等死。

再从要娶她的陈某来看，这人是有点钱，但作为劳动致富的"舟子"，陈某并不像施寅的追求者那样是个肯持千金来求娶的"贵人"。陈某出的钱，也许是他多年的积蓄。虽说钱来之不易，但若因此能娶一房放心的妻——年轻姑娘不但有望多生子女给他留后，能干活，恩情之下穷人家的女儿还能更死心塌地给家里卖命干活。四十岁的陈某，保守估计至少大张澹娘二十岁。陈某以婚姻的名义给张家钱，条件是娶澹娘，与其说陈某仗义相助、双方一见钟情，我更相信是"供需平衡"前提下的一拍即合。那么张、陈两家结亲，即便不能说是买卖，至少也有交换的成分在。

成婚有期矣，而陈舟遭风溺于海。讣至，父母欲其改适，（张）澹娘正容曰："陈之聘金，为救父也。父无恙而陈已亡，若遂他适，则为负心人，神当殛之。"悲甚，俄缢于房。父母觉，救之，绝矣。

四、本事

后半段是行贿、议婚这两个交易都达成后,生活仍要继续。澹娘之父恢复自由,回归旧日生活;澹娘嫁为陈张氏,开启新生活。从前她愿嫁,"不问谁",即便那人是个"舟子";现在她已经"以身从之",与陈某这段交换来的婚姻,即便在完成了救父任务后,也在她心中扎下根来。

澹娘救父后嫁人,就来到了礼教要求的新阶段:出嫁从夫。她当然也念着父亲,可越念着父亲,自己这段婚姻的重要性就越显现出来。在澹娘看来,救父的是陈某的钱,陈某要的是自己的人,这"交换"已经达成,"约定"稳不可破。就算陈某在行舟时遭遇大风大浪而丧生,自己也不能改嫁,否则便是违约,"负心人,神当殛之"。她把原本用于交换父亲性命而奔赴的婚姻,看成心之所向、天地可鉴,甚至超越了父母之命,更在一己得失之上。年轻的澹娘"正容"说出理由,"悲甚"面对未来,就这么把年轻的自己吊死了。

古人赞誉她,当然是夸她"贞"。我同情她,觉得她实在是"勇"。无论勇于嫁,或勇于不嫁,都赌上全部,甚至为此赔上命……不论被写得多么脸谱化,不论她舍身和拼命是基于何种理由,违背原则的"苟且偷生"似乎都不在她的选项中。当澹娘不再依从父母的劝说而改嫁,宁愿一死了之时,至此我竟然松了口气:至少她不用为别人再嫁一次了。从这个意义上讲,尽管不认同她的嫁和不嫁,但也不能否认:每个贞女,都是勇士。

　　澹娘的故事中，很多细节耐人寻味。她父亲究竟犯了何罪，让这姑娘不得不急着嫁人？律里面其实有一条往往为人所忽视（至少故事讲述者恐怕是不知道的）：父在狱中，子或女就赶着成婚，是不合礼的，出礼入刑，也是有刑责的。律法意在惩罚那些只顾自己生活、不顾亲人蒙难的"不孝"子女，而澹娘绝非弃父亲于不顾，她的"交换"式婚姻绝不是享乐。现实中想来也自有规避之法，比如婚礼办得掩人耳目，甚至不办。反正从出钱人陈某的角度说，婚仪从简反倒好，还能省去一笔费用，只要澹娘成了他的人，他就放心掏出"老婆本"去救狱中的老丈人。可是这样一来，这场婚事真就变得冷冰冰、喜气全无，也委屈澹娘了。然而，环顾上述提及的孝女，从积劳成疾的蔡蕙到一心自虐的施寅，再到澹娘，受委屈实在是她们的共性。若九泉之下给她们办个茶话会互相诉苦，澹娘也许还会在比较中得到一点儿幸福：至少我给爹赎出来了。

　　至于澹娘之父张某究竟犯了什么罪，一沾"命案"两字，着实像是摊上了大事。因信息不详，又被腐败的官府分走一部分注意力，让人没办法深究澹娘是否救了个杀人犯。按照常理，倘若原文中的"株连"一词并非粉饰，那么张某要么是从犯，要么是无辜受累的干证。换言之，如果是杀人的首恶，那也没法救了；只有既非无关又不致死，才会让家人留有一线希望。既是孝女，没有不救的道理，也就不论父罪是应得的还是有冤的。书写者似乎也帮着孝女,没有明说张某冤否,只先用"株连"排除了杀人主犯的可能,后用"罪可脱"模糊了罪之轻重:若是死罪,行贿数十金岂够买命?得是责任不重,甚至纯属受人连累,交个几十金,便能了事。而在这样的交代中,虽说全篇都是以张澹娘为中心,但"行贿"一词却飞速地使人的注意力发生了偏移:向谁行贿?谁开的条件?谁说了算?得是怎样的官府和官吏,才会让张家"行贿数十金"后张某"罪可脱"呢?到底是冤枉了人还要坑人家钱,又或是收了钱就可以放走有罪之人?若是后者,则命案中的死者、苦主倒是更冤了。办案者固然有污点,有一点倒是讲究:钱交上了,人放出去了,可谓"拿钱办事"!这种"拿钱办事"的做法,是否也加重了澹娘后来誓不改嫁的压力?

无论如何,张某肯定不是无罪了:前面下狱是有嫌疑,而后面行贿则是板上钉钉的犯罪。讲故事的古人只想聚焦"家"这一层面的美德,但不能忽略的是,当家庭、个人陷入绝境时,孝女的应对只能是"不问谁"的虚假选择,所以在引人赞叹的孝行与美德背后,还深藏"谁带来磨难"等是非问题。

孝心是真的,贞也不假,只是当这些与其他价值产生冲突时,救父行为的正当性有可能一开始就是可疑的,甚至是立不住的,某些孝和很多贞,始于错误,也助长了错误。

盲从

孝的美德，推动女子（即便养在深闺里）勇于发挥文才武略。她们即便前途充满艰难险阻，仍敢拼命同时谨慎顾惜名声，倾尽一己之力，或改变判决，或死得其所，感人至深。但千百年间，在这些树立楷模、抚慰人心的事件和传承中，也难免存在令人质疑的"污点"或"阴影"：是非不分，无心说谎，有心设局……

俗话说，"孝顺"是"以顺为孝"，这在满朝忠良和全家皆为孝子的环境中，自然能发挥理想效果。可要遇上前文中提到的自私自利、违法乱纪者，子女的逆来顺受和盲目听从，可能不是弘扬善意，而是包庇罪恶。"孝"如真能当作终极"挡箭牌"，无耻之徒将趋之若鹜。倘若救父者落入了这样的陷阱，无论多有文才武略，多么珍重名节，都会事倍功半或徒劳无功，甚至还会为虎作伥、害人害己。在我看来，这种拖着长长阴影的"名义孝"，如父母不慈而强令子女牺牲，并非美事。

所以本节列出几类可畏、可叹之事,是"盲从"而非"孝顺",以示与美德的区别。

一可畏:帮着说谎

孝自是美德,但以孝为名的求情与代刑,其中不无冲破法纪的愚行。愚行制造的闹剧离不开各方"配合"。晚辈之所以盲从,大概就是听信了自私自利的长辈的说辞,而沦为传声筒和工具人。比如曾被赞誉为"千古缇萦更谁匹"的清代孝女佘酉州。她也做了类似缇萦救父之事,可惜她父亲佘长安不是名医是讼棍,全家"打脸"在后头。

佘酉州倒没变性也没变装,她的救父路线或者说别人给她设计的路线,就是对标缇萦。但相较"幼女救父"的汉代典型,佘酉州的事迹先扬后抑,看似回归"主旋律",其实戏弄了当权者——骗局不能永远瞒住天下人,佘家也因此付出了沉重的代价。

以下是清人笔记《郎潜纪闻三笔》曾喜滋滋写下的嘉庆十七年(1812)四川重庆州"本朝缇萦"佘酉州的故事:

> 十一岁女子佘酉州,以其父佘长安遣戍湖北,其祖父母年逾八旬,无人侍养,匍匐入京,叩请释放。台臣为之奏请,上以佘长安原犯情罪尚非常赦所不原,念伊女年幼

至性,加恩释放回籍,是又本朝一缇萦、秦休矣。

查实录(十一月辛未),嘉庆帝开恩的理由是幼女"其情可悯",父罪尚属可原:

> 四川民人佘长安,前因控告谭飞农等开赌、私宰等事,审属虚诬,问拟军罪,发遣湖北。核其情罪,尚非常赦所不原。该犯至配已阅九年之久,现有父母年逾八旬,无人侍养。今伊女年甫十一,痛念伊父远遣,祖父母暮年缺养,不远数千里匍匐来京申诉,其情甚为可悯。

《清诗纪事》载朱珔为孝女赋诗,说她"千古缇萦更谁匹",序言中有介绍,幼女酉州母亲的死因也与佘长安入狱有关:

> 生数月,父缘事系狱,母叩阍归,道毙。旋定谳,父遣戍楚中。女依祖父母以活。至是年十一,入都吁赦父,蒙释还。

小酉州的故事一时间被写入好多诗,儒士们竞相传颂。李宗昉亦有诗,结尾毫无新意,重复"百男趋趄,不如缇萦"之论调。相比朱珔、李宗昉把诗作重点放在描绘小姑娘告状求情

四、本事

的不易上[1],有人走得更远——为了赞颂孝女事迹,基于道听途说、正义感与想象力,描述了一些正史全无甚至虚假之事。比如祁寯藻《孝女吟》五言诗中称"负罪为楚囚"的佘长安是含冤入狱,佘西州要搭救的父亲本是正义之士,官府的判决颠倒了黑白:"女言父被诬,颠末事有由。博徒者谭某,虎冠气如牛。慷慨首发奸,岂知倒戈矛。"侯晓琴在《佘西州救父事的文学书写——以祁韵士等四位清人诗歌为中心》一文中,经过

---

1. 朱琦诗:"佘孝女,死别而母兮生别而父。发鬓剪未齐,父兮丽圜土。萧条灶突堵门户。晨依翁,夜依姥,泣涟洏兮孰知其苦。母曰嗟,狱未明。排层云,叫天阍,归途巉崚逢鹡鸰。父兮则戍,母兮则亡,天涯消息同茫茫。日望江流兮回我肠。谋诸阿舅,儿身已无母。儿有父,荷戈走。翁兮姥兮皆老寿,风中烛,谁与守?朝朝北向拜稽首,儿父何日还?天高兮地厚。生男喜欢,生女悲酸。儿无弟昆兮影形则单。出门问长安,蜀道青天难。阿舅挈儿儿不屑,历遍千重水,历遍千重山。梦之帝所,闻奏钧天乐,虎豹屯,夔螭错。区区之心矢汤镬。帝曰鉴汝诚,怜汝弱,释汝父辠。汝返蜀,邮书已越晴川阁,儿兮初来,鸣鹃声则哀;儿兮载回,啼鸟情则谐。羔跪兮蠢跃,永突兀兮黄金台。无端忽痛慈帷摧,荧荧泪滴纷盈腮。愿乡程,如鸟疾,衔恩急为翁姥述。儿兮初识父,娇小不离膝。峨峨髻鬟人动色。或询女年年十一,君不见,千古缇萦更谁匹?"李宗昉诗:"长天天西头,有女佘西州。酉州父得罪,远戍汉江水。八十翁媪哭思子,十一女孙悲欲死。死不得父归,翁媪心益悲。生欲得父归,此事岂是弱女为?告之法吏遭呵麾,谓官执法他不知,得赦会有归来期。女曰翁媪皆白发,待父归来恐朽骨。我将匍匐入帝都,直叩天阍求赦书。栈云莽苍苍,连山多虎狼。黄河渡头风夜黑,劲波山立渡不得。仓皇急走胫无肤,行路之人心憯恻。登闻院鼓鸣雷声,骢马使君争顾惊。触阶额血光棱棱。阁门封章奏圣主,圣主曰咨孝哉女。女之父,罪可原。宥之宥之去荆门,归向蜀江为良民。呜呼百男趋趑,不如缇萦。千夫优柔,不如秦休。缇萦秦休皆英流,于今又见佘西州。"

分析比较，指出祁隽藻诗中所载"佘长安第一个站出来慷慨揭发博徒谭飞农等人，反被对方中伤，坐诬遣戍，这种说法和史书记载相左"。[1]

文人墨客太爱追求诗性正义（poetic justice），忘了这纸面上的圆满往往溢出了现实。三年后，故事反转。四川总督奏"佘长安原因屡次滋事，照棍徒拟军"，从案卷所载来看，佘长安劣迹斑斑，我们才发现这位"本朝缇萦"的幕后操纵者的真面目：

> 该犯（佘长安）本有弟兄，并非独子，辄捏亲老丁单，在配遣女佘酉州赴京具控。仰蒙圣恩，以该犯（佘长安）父母年逾八旬无人侍养，并因幼女（佘酉州）远赴京师具控，情甚可悯，加恩将该犯释放。
>
> 乃（佘长安）于回籍复更名捐监，刁唆词讼，图诈钱文，实属怙恶不悛。其词内擅称伊女（佘酉州）系奉旨旌表孝女，本属诈传。推原恩旨内曾有"伊女年甫十一，不远千里来京申诉，其情甚为可悯"等谕，尚非凭空捏造，固未便遽拟斩候。若照本律量减一等，及诬告人徒罪于满徒上加三等罪止满流，将佘长安比照军流徒犯捏报留养，

---

[1] 侯晓琴：《佘酉州救父事的文学书写——以祁韵士等四位清人诗歌为中心》，载于《名作欣赏》2019年第9期。

四、本事

本犯仍发原配之例，量加一等问拟，情罪本属相符。惟原系烟瘴少轻改发极边足四千里之犯，今量加一等应发极边烟瘴充军。查例内极边烟瘴少轻之犯改发新疆为奴，今该督将该犯拟发烟瘴少轻地方充军，设将来有在配脱逃等事加等问拟则轻重迥属悬殊。佘长安应改极边烟瘴充军，仍以足四千里为限。

此时，看着父亲从湖北回来，在四川招摇又败露，将被发极边烟瘴充军，佘西州算起来刚十四岁。诗人描绘过的景象"儿兮初识父，娇小不离膝"，至此成了泡影。佘长安受罚不改过，回乡仍招摇，国法罚他，是他咎由自取。可国法不管的，是他"坑"了妻女，殃及家人。这样的健讼之徒，本不值得救，可他非要钻空子，指使家里的女人们来救他，把妻子的命搭上，又找来年幼的女儿接棒。父命在上，女儿能说什么？爷爷奶奶可能也盼着父亲被救出来，天天撺掇小孙女上路。好不容易，孝顺女儿艰难进京、侥幸求了情。在这次基于谎言的救父行动中，无论她是否知情，都不能抹杀她小小年纪的艰苦努力。而当她用努力换来父亲还家后，父亲却更无顾忌，甚至打着家里出了个"奉旨旌表孝女"的旗号招摇撞骗、屡次滋事，终于又被抓时，他对得起谁？求得了情，却救不了命，这命是命中注定，是佘长安任性妄为、聪明反被聪明误的命，是佘西州一味遵从父命、一味吃苦拼命的命，是父女之间的全不对等。就算她在乎父亲，足够听话，可她父亲如此种种，很难说是在乎她。这一切，让人为小姑娘受过的苦难不值。

二可畏：闷声送死

"卑者、幼者、贱者，以理争之，虽得谓之逆"，"人死于法，犹有怜之者；死于理，其谁怜之"，全都是真的。"尊者以理责卑，长者以理责幼，贵者以理责贱，虽失谓之顺"，也是现实。吕坤曾说"势之尊，唯理能屈之"，可这是谁的理？有势者会真正讲理，还是说因其挟势说的都变成了理？

比孩子说谎去救亲更令人心碎的，是本应慈爱的父母长辈抬出孝道来，压着孩子去送命，而为人子女者不得不去。从冯梦龙的《醒世恒言》第二十七卷"李玉英狱中讼冤"中关于让幼子寻尸的描写，可见道德论说被如何灵活运用。李雄出征战死沙场，妻子焦氏八月得信，特意等到寒冬腊月再打发幼子出门寻尸。便是打着孝的名义欲害其命。

要指使儿女辈，便是以缇萦作为"别人家的孩子"施加压力，把孝女舍命救父援为颠扑不破的论据。"李承祖闻言，双眼流泪道：'母亲言之有理，孩儿明早便行。'"李玉英是姐姐，听说要让弟弟辗转去寻父亲遗体，"料道不是好意，大吃一惊"，出面央求母亲。但儿女们即便料到了"枉送一死"却不敢不去：

四、本事

告母亲：爹爹暴弃沙场，理合兄弟前去寻觅。但他年纪幼小，路途跋涉，未曾经惯。万一有些山高水低，可不枉送一死？何不再差一人，与苗全同去，总是一般的。

继母李焦氏闻言大怒，儿子不敢辩，李焦氏矛头直指李玉英，抬出木兰和缇萦：

你这逆种。当初你父存日，将你姐妹如珍宝一般爱惜。如今死了，就忘恩背义，连骸骨也不要了。你读了许多书，难道不晓得昔日木兰代父征西，缇萦上书代刑？这两个一般也是幼年女子，有此孝顺之心。你不能够学他恁般志气，也去寻觅父亲骸骨，反来阻当兄弟莫去。

话都让焦氏说尽了，她的目的是送李承祖上路，骂完李玉英，又转过来给继子施压：

况且承祖还是个男儿，一路又有人服事，须不比木兰女上阵征战，出生入死，那见得有什么山高水低，枉送了性命。要你这样不孝女何用！

继母一顿乱嚷，李玉英羞愧难当，但为了弟弟的性命，还是鼓起勇气哭告，希望换自己去送命："孩儿岂不念爹爹生身大恩，要寻访骸尸归葬？止因兄弟年纪尚幼，恐受不得辛苦。孩儿情愿代兄弟一行。"可焦氏的目的正是要除掉碍眼的承祖，才好紧握亡夫的家业，继女是死是活，她倒不放在眼里，只是不能让姐姐替弟弟去死。于是焦氏对玉英说："你便想要到外边去游山玩景快活，只怕我心里还不肯哩。"

把寒冬腊月出远门寻尸骨说成"游山玩景"，这后妈挤对人可真是不遗余力，且能用"快活"二字，真看不出夫妻情分，亦见不着母子之情。头一晚突然通知李承祖，让姐弟俩猝不及防，又只得从命。李玉英只婉转劝了一句，就被焦氏骂了一顿。其他儿女，尤其是李承祖本人，也只能哭泣而不敢言了。

当晚玉英姊妹挤在一处言别，呜呜哭了半夜。李承祖太小了，也许是乐观，也许是没法子，还安慰李玉英说："姐姐，爹爹骸骨暴弃在外，就死也说不得。待我去寻觅回来，也教母亲放心，不必你忧虑。"焦氏却狠得下心，完全将李承祖当成寻尸的工具人，等不及把李承祖赶出家门去送死。

到了次早，焦氏催促起程。姊妹们洒泪而别。焦氏依旧不忘给李承祖施压："你若寻不着父亲骸骨，也不必来见我。"李承祖哭道："孩儿如不得爹爹骨殖，料然也无颜再见母亲。"

焦氏这般以理压人无异于借刀杀人，心中盘算的自然是赶尽杀绝，谋夺家产。说来讽刺，缇萦与木兰救父故事中感动众生的"舍命",竟成为继母阴谋除掉继子女之"害命"的帮腔——怕死就是不孝,孝便只得赴死。

以孝之名求奇迹,最惨的就是李承祖。继母要除掉他,简直有用不完的手段,即便严寒出远门侥幸生还,但"从母命"却逃不开,他回到家让她更觉碍眼,到底下手毒死了他。玉英等幸存者,也许因为是女儿,在焦氏眼中还未到必须拔除的"眼中钉"程度,可也受尽折磨。之前就说到,孝道之下子女可以以性命前程来弥补父母之过,但难以直言父母之错。所以玉英尽管心怀仇恨与委屈,也只能眼睁睁看着弟弟去送死,看着姐妹离散,甚至差点儿把自己的性命搭上。而大玉英几岁的焦氏,却可以仗着继母身份为所欲为。

关于焦氏这个后妈,在冯梦龙的剧本中,她的命运是先苦后甜,苦时"直教铁汉也心酸,总是石人亦泪洒","继母谋害前妻儿女,后来天理昭彰,反受了国法"。继母口中的孝道,掩盖着一颗杀心,惊不惊险?可不可怕?假如劝人做缇萦的,是个处心积虑的后妈,结果会怎样?可再想到前面佘酉州等的故事里,倘若是亲生父母给下的命令,不也一样可叹?!

三可畏:主动捐躯

最可怕的在于,令今人望而生畏的盲从表现,在当时是不用他人催说便自发做出的行动。据《广东新语》卷八《四孝烈》，清代广东新会的百姓中，有林莫氏代替婆婆捐躯，李氏代替丈夫被吃，梁氏代替父亲受死、吴黄氏代替丈夫受死……她们都被吃掉了：

> 岁甲午，新会县被围，城中粮尽，守将屠居人以食。
>
> 有莫氏者，诸生林应维之妻，姑将就烹，莫请于兵曰："姑老矣，肉不可食，妾幸膏腴，可以供君大嚼也。"兵从之，姑得释，而莫就死。
>
> 有李氏者，兵欲食其夫，哭拜曰："吾夫五十无子，请君食我。"杀之，以首还其夫，使葬焉。
>
> 有梁氏女者，其父诸生学谦，女年十一，请代父死，兵不忍杀。女谓兵曰："君以女儿身小，不足以充一饱乎。"将夺兵刀自刭，兵乃杀之。
>
> 诸生吴师让妻黄氏，亦代夫死，兵哭而杀之。

这真是以血肉铸就的"孝烈"啊！其中最像缇萦的，是四孝烈之三梁家的小姑娘，年仅十一，这也是缇萦、佘西州等人冒死进京的年纪。幼女确实能激起人的恻隐之心，连当兵的都下不去手，可是终归要吃人，不是她就是她爸，于是这个大抵矮小兼瘦小的小姑娘，竟然成功地夺过战士的刀，对自己下手……当时的诗人是这么铺陈辞藻来歌颂她们的，屈大均云：

四、本事

> 可怜窈窕三罗敷,肌如冰雪颜如荼。
> 再拜乞充君庖厨,解妆请代姑与夫。
> 妾年尚少甘且脆,姑与夫老肉不如。
> 请君先割妾膏腴,味香不负君刀殳。
> 食之若厌饫,愿还妾头颅。
> 姑老夫无子,妾命敢踟蹰。
> 有女年十余,缇萦亦不殊。
> 哀求赴汤镬,保父千金躯。

或替婆婆,或替丈夫,理由各异:或五十无子,哭求被吃;或理由不明,态度明确。都是好好养大、嫁进读书人家的女子,"兵哭而杀之"。保尊长千金躯,是为孝;自己请求被切割、被烹饪,是为烈。

细究起来,官兵守城,到了这种山穷水尽的地步,后来若最后还是被攻进来,靠吃自己人逃过一劫的,怕是最终也逃不过敌人的屠刀。战乱中的"孝烈",惨到令人窒息之地步。

危急时刻即便女儿没有机会救父,也要迂回地保全"父嗣",拿自己给弟弟当垫背,还不忘留下清白之身。比如"坠楼妇"勇保幼弟,"以坠楼传,仁义之事",此楼就得名为"孝烈楼":

> 有林氏妇者,新会塘下村林子昭之女也。适邻村某,

寇至，妇与其稚弟在楼中，楼高六七丈，甚坚，寇攻楼未下，欲焚楼。

女曰：姊弟俱死，则父嗣绝矣。负其弟于背，从楼上覆身坠地，头面迸裂而死。幸存其弟。过者称其楼曰"孝烈楼"。

这位林家女儿为保全父嗣，命不要了，方式极为惨烈：相当于从六七层楼上（六七丈约等于二十米）往下跳，以身为垫，姐姐给弟弟垫底。她坠楼身亡，摔得脑浆迸裂、面容残缺，而弟弟幸存。她获得好评："妇一坠楼，节孝俱至。"屈大均给她做了墓志铭，极力夸她"一完妇身，一全父嗣"，节孝两全。又说得仿佛画面唯美，"负弟于飞，贤姊有翅"，"背有鬼神，矢石皆避"，谁信？"前有梁嫒，后有林氏"这句倒是实在，梁嫒应该就是前面主动要求被吃的十一岁小姑娘。

此类故事的恐怖之处，还在于似曾相识，没有确切的年代感。仿佛任何古代的绝境中，都有可能发生——"易子而食"，被吃的婴幼儿说不出话来，而被吃的少女和少妇，留下遗言宽慰生者，自觉迎向刀刃。在内外交困的吃人年代，父亲、丈夫、弟弟，都要她们来救，她们只有前赴后继。

四可叹：被救者不贤

前面说到，在那些帮人支招好让人在打官司中趋利避害的法律读本、诉讼手册中，"脱罪"的一法是给求情者树立"孝女"或"贤妻"及"慈母"等人设。在"替死""救夫"等传递符合当时纲常的正能量的表象下，本质是寻求"曲法伸情"的突破口。其利弊得失实难一概而论，应结合历史情境而就事论事，但可以推断，甘冒风险行此道者，打着孝、贤的旗号，未必皆名实相符：不求情者未必不孝，坐享其成的被求情者往往未必贤。

何为不孝、不贤？从知县的视角看，晚清名吏樊增祥在陕西为官时的判词批词结集出版后，从中能见到不少求情与驳回例子，与前述淡新档案中如出一辙。比如有匪徒割掉别人舌头，按律这是重罪。匪徒母亲来官府恳求，想释放自家儿子，樊增祥说她在做梦："尔子割人之舌，罪应万死，尔尚敢为之乞恩。前饬在外医病，病愈仍押，尔尚做梦耶？"（《樊山批判·批会匪林逢斋之母林孔氏恳词》）

杀人偿命，伤人者刑，朴素的正义感本应这样运转，但又没这么简单。对另一个给匪徒儿子求情的母亲，《樊山批判·批刀匪王福生之母王王氏恳词》里的表述阴阳怪气：

> 尔子系著名刀匪，与张忠述结党行凶，现奉上宪严

谕,凡刀匪到案,不得轻纵。尔即乞恩,本县亦难做主,仰即会同各刀匪家属赴省联名上控可也。

这明摆着是给求情者出难题,字面上说"难做主",实际是冷笑"看你敢"。但求情者有何不敢呢?换个人来求,就多了一篇樊知县批词:"王福生系著名刀匪,尔言悔过,本县不信。若杜延庆具保,或可酌夺加恩。"(《樊山批判·批王居林呈词》)看起来,像是话有松动。

至于下面这位健讼者党锡印,樊增祥的处理相当反讽。在《樊山批判·批党锡印呈词》里,他明白地表现出对告状者的不信任:

满纸俱是疯话,无从究理。尔被押时既被众役讹诈,正月廿七当堂取保之时,何不申诉?及尔既归以后,该差等犹频至尔家讹闹,甚至将尔栓锁,每欺讹一次,尔必给钱一次,尔之钱何其既多且易乎!讹钱给钱,既无过付,又无见证,鞭打绳拴毫无伤痕,一味信口胡说,信笔乱写,架捏显然。惟称尔母现在被殴青伤无数,此有形可验者也,仰该刑仵迅速验明覆夺。

民间敢告差役的,往往胆子不小,难保有所图谋。党锡印告状,"疯话"乎?谎话也!这种谎言张口就来、打官司当家

四、本事

常便饭的人,连自己老娘都能找来当工具人。

党锡印后来又犯事,被关了起来,樊知县打算狠狠收拾他,扬言要革去他的功名,但事情办得不大顺利,因为他老娘来求情了。于是有了《樊山批判·批党锡印之母党梁氏呈词》,前半段狠狠批评,后半段一顿吓唬。最后,还是指了条路,给了第四次释放党锡印的机会:

> 尔子恃矜健讼,毒害乡邻。以前上控诸案姑不具论,只就买树一事而论,蔓延四载,一案分为四案。始则与申思仪争买树株肇讼,继则阻伐已分之树,矛戳张朋仁受伤。继又因久讼之故,讬何维翰借钱,事后骗账不还。继又将何维屏拉至尔家勒写借约,至今不能结案。
>
> 似此横行霸道,无非衣顶作怪,不革何以示惩?查,党锡印三次被押,恳保之事俱称永不再犯,及一出押,横行如故。人而无信,犹车无𫐐轨。尔试思本县岂可屡欺乎?如欲出押,须何维屏及原保之张春丰、郭生祥等当堂具保,方予训释免革。不准。

"父母官"当真不可欺?还是如亲生父母般,始终愿给"熊孩子"机会?前三次被押时,党锡印是否用到了"秘密武器"即老娘求情?反正最后这次,因党梁氏坚持为儿子求情,于是樊增祥顺水推舟,以最后一篇《批党梁氏呈词》暂告休止：

> 尔子豺狼也，衣顶爪牙也，留其衣顶则时时噬人，斥革则无牙无爪之豺狼，与狗无异。在党锡印罪不容诛，无可矜恤。惟尔守节一生，抚此豺狼之子，屡贻尔忧，本应押候。宪批，姑念该孀妇屡次乞恩，暂准取具妥保出押，安分孝养。至斥革与否，本县自有权衡，尔母子不必妄恳。

这篇始则痛骂党锡印是"衣顶爪牙"，本应"罪不容诛，无可矜恤"，末尾仍看在"守节一生"老妇人的份上，放了她儿子。板子高高举起又轻轻落下的态度暧昧，岂能保证党锡印真心悔过并"孝养"老母，岂能绝党梁氏之"妄恳"？永不再犯怕是谎言，"取具妥保"不治本，"斥革与否"不确定，恐怕不变的只有党锡印继续横行乡里和"屡贻母忧"吧，甚至不肖子的胡作非为会令老寡妇担惊受怕这一点，也很难保真——此前党锡印"架捏"即诬告公差至家勒索时，不是抬出了"母现在被殴青伤无数"的由头吗？樊增祥受理的党锡印逼人写借约之案，不也是发生在党梁氏和党锡印共同生活的家中吗？是老妇人不得已求恳官员放了她不学好的儿子，还是这娘俩已经习惯成自然甚至"主动出击"呢？

再来看辛含谦和辛勤儿这对父子。樊增祥三次批示辛勤儿呈词中，都可看出他已看透了十六岁少年辛勤儿只是父亲的傀儡。

第一次批辛勤儿呈词：

> 尔父辛含谦装疯装傻，实则贪险阴邪，日以弄钱害人为事。此案系伊自投罗网，因见批词严厉，情知上堂必要吃亏，乃又作此恳呈，诈称疯病，推其十六岁幼子代父受刑。如果真疯，哪有如斯巧计？本县生平专治疯痰症候，仍仰尔父带病上堂，一来问案，二来施诊。

"批词严厉"，指的是辛含谦此前曾"一日两呈"。樊增祥又接到辛秉乾、辛秉智等的呈词，了解情况后再次批辛含谦呈词，质问辛含谦状词中的矛盾之处：

> 尔前呈语多含糊，所谓中心惭者，其词枝也。前呈称黄云鼎串媒败节，财礼有无，一字不提。此乃云奉批以后，张金德始将财礼钱一百八十串拨尔还账，是尔主婚受礼，情节显然。前云尔堂嫂十八赴蒲，此又云二十一日未奉批之前跟云鼎回去，然则尔二十日具呈，云鼎、王氏及二女均在渭南，尔何以不行阻挡。尔自恃能画纸老虎，此等自相矛盾之词胆敢在本县案下卖弄，可谓形同聋瞽。候讯明重责。

知县说得严厉，可辛含谦的应对也不含糊。他"画纸老虎"，装疯卖傻、弄钱害人，足见胆大妄为；一把年纪了还在外招摇，也足见其善于见风使舵。见官老爷发威了，辛含谦又递上呈词，名义上说自己愿意代父受刑，实则探长官口风。于是樊增祥不得不第三次批辛勤儿呈词：

此呈明系尔父辛含谦所作，何得云发疯糊涂？况疯子挨打，何伤体面？此案除非黄云鼎恳恩，尔父方能免打，不然不准。至于辛秉乾等，均系一班混账无耻之徒，何须得意。总之，姓辛者个个该打，疯子不必发愁，不疯者亦不必夸口，本县已定做竹板四块，每块重二两四钱，该原告等早来尝新。

当官的话已说尽，当爹的机关算尽，可当儿子的有何办法？"姓辛者个个该打"，也许是樊增祥看透世情，借批词"敲打"辛家长辈，否则无辜少年哪里逃得掉道德绑架？辛含谦所作所为令人心寒，口出狂言倒是不"谦"。

和前述不孝之子、不慈之父，或骗或逼至亲给他们说情顶罪的情况相似，夫妻间"不义"的例子俯拾即是。费孝通先生民国时即写出了《民主·宪法·人权》小册子，以亲友对谈的方式，从故事和对话中引出道理。其中有"人权·逮捕·提审"一章，里面的乡下邻居三嫂，是不少命苦妇女的缩影。三嫂本来健壮而直爽，新嫁入时公公已年迈，小叔子还小，才十七八岁，一家务农为生，用费孝通先生的话，"在中国做农民，平静的生活是意外的"。三嫂的小叔子被抓了壮丁去服兵役，没过几年失去音讯，"有一天突然有两个穿军服的人到他们家里，把她的丈夫抓进了县政府……说是她的小叔逃跑了，军队派人向县政府要人，所以把她丈夫抓了进去"。书生以为一码归一码，"她小叔子逃了役，是她小叔子的罪……要罚款，也罚不到三嫂的丈夫"。可事情哪有这么简单，"过了一天，她丈夫并不见回来，只是托人带了个信，要三嫂送饭上监狱去"。她这一去，竟直接被关进了监狱，她丈夫倒出来了，"县政府放他出来，让三嫂去替他"，是让逃兵家里筹钱，还不说是罚款，"说是军队里要制服费。这还是讲了面子"。

三嫂家的生活每况愈下，她出狱后家产一空，丈夫生病，自己小产，丈夫还染上大烟瘾，"天天寻事，打她，踢她"。对于三嫂的不幸，费孝通先生夫妇也只有叹息，费先生写道："我在乡下，过不了多少时候必然会听到一件关于三嫂不幸的事……三嫂在我都成了一个不祥的象征，一见到她，一想到她，我没有法子觉得中国还有希望。"费先生由三嫂引出了英国人创设提审法的意义，娓娓道来。他太太嫌他太理想化，也托关系给三嫂家说情，认为"我们这种社会要靠面子、靠地位、靠权力"，才有保障。她听他念完了书，让他赶紧喝稀饭，

"我怎么不希望中国少一些像三嫂一般命苦的人?可是,我还是不太相信你们这些书呆子。把法律当真地看成了一回事",让他吃完再说,他点头无语,胃口全无。

三嫂的故事不知所终,书的尾章是"住宅·警官·送灶",费先生前面自然还是借机讲道理,最后给孩子哄睡编了个暗黑版的送灶故事,孩子听了害怕,费先生只好骗她说"这是古时候的事情,那时的人都愚蠢,现在不会有这种事了",孩子这才敢睡。

费先生书里的最后一句,应是由笔下的父亲与执笔的自己一齐在心中问出:"可是,人间的愚蠢什么时候会完呢?"

五、归宿

当为本书中不同角度的女性叙事拼上这最后一块"拼图"时,我对此感到震撼:原来最后这位女性的人生不止于"涓涓细流",而是起起落落,兼具激荡与平缓,最终汇成"宽阔江河"。坚韧与豁达是她的底色,误解的杂音并未彻底遮掩她生命的火光。她生在清末,经过大半个20世纪,她的故事相对完整而更具魅力,更可与缇萦与木兰们相映照:她们每个人的故事,都本该被记录下。

"少女缇萦后来呢?"这个问题,是我最初写作本书最好奇之处和驱动力。原以为这很简单,后来才发现,越是耳熟能详的人物,历史记载越容易失真。古人对缇萦和木兰故事的书写,几乎总是重复着牺牲自己、保全家庭(主要是家长)的主题,导致她们的人生故事在完整性和精细度上"先天不足"。所谓重复,即救父故事的重点先得符合孝的定义,其次才可能有些微差异。于是乎,史上的奇女子与勇敢少年,本该以其出众本领和坚毅心志活得精彩,但除了聚光灯照亮的上书求情、告状救人那些小段落,剩下的都笼罩着大团迷雾。

相比之下,近代以来,传统定义下同类故事的解读更加多彩,比如从木兰故事中提炼出英雄气概与冒险精神。换个时代,她敢上阵杀敌,不也是革命战士?或者换个时空,按她的机智勇敢和历险,不就是《哈利·波特》系列里艺高人胆大的赫敏?至于缇萦,她文笔好,可以是《小妇人》中的女作家,或者按其本事,上书内容动之以情,进京临危不乱得偿所愿,这种功力(与幸运)当个法律人也不为过。就算古代讼师上不了台面,等到时代变了,她也可以成为律师或法官或检察官。

缇萦与木兰出场时都是未嫁女,其中缇萦肯定是未成年——在"求情"类事件中,孩子越弱小,效果可能越好。小姑娘竟能有这么大的能量?也不是没可能。《不寻常的玫瑰枝:郑毓秀自述》中,郑毓秀说自己年仅十五岁就参加革命,这种离奇经历,她担心读者不信,特地解释,虽然她当时年纪尚小,但如成人般行事,"可能是因为年轻时动荡不安的时代使然","一个在富裕环境下成长的男孩,到了二十二三岁依旧是个男孩,但如果那个男孩在十八岁时遇上了战争或革命,很快地,他的态度便会蜕变成一个能肩负起责任的男人"。家仇国难的困境中,孩子也得早当家。生活变故催人早熟,不管后来人对缇萦和木兰故事有多少演绎和改编,这一点底色,是变不了的。而早熟之后,有几人能像郑毓秀一样,一路争先?

古代的缇萦与木兰,少年时便完成救父等高难任务,之后的生活如何,写历史的人如果漏了,编故事的人可得圆上。对史上奇女子故事的演绎,近代以来,实在不少。1947年裴小楚著《民族英雄传》,许诺给缇萦一家一个玫瑰色的未来:缇萦嫁为人妇,夫婿争气,她是得力内助。1971年上映的李翰祥执导的电影《缇萦》,斩获多个奖项。剧情来自高阳的小说《缇萦》,将史家简笔扩充为厚厚一本书,扣人心弦,细密周全:坏人千方百计陷害好人;好人四处碰壁,好在贵人相助逢凶化吉,结局大团圆。导演编剧显然都认为缇萦离不开帮手,代表了这一类洞悉世故者的通用说法。

从李翰祥改编的电影,不得不提到李敖的奇文《"缇萦救父"表示了什么》,李敖下笔倒是一贯狠辣,说淳于意医者不自医,"结果得了五灯奖——连生五个女儿",并引俗谚来印证"生五个女儿是汉朝民间最恨的一件大事"。开头先把数千年前的"圣女"缇萦拉回到人间:作者将女儿比作要救父的缇萦,忆起了"小情人"。[1]揭示了人间真实:缇萦独一无二,但古往今来,多的是要救父的女儿。结尾耐人寻味,他坚信缇萦是把自己给搭进去了。此文中难得的是他看到了被众口一词歌颂的救父奇迹中所遮蔽的幽暗。

平行世界里也许有无数个女儿各自悲喜。浚县人任思义介绍当地名山古迹中有"淳于意墓与缇萦",说墓地"在浚县城东南大伾山之北麓,但墓址今以成为平地",他对"淳于意为汉代名医,缇萦是巾帼名姝"的事迹,略述一二。虽然用语通俗,但较为尊重史籍。[2]先讲完淳于意的医术与得罪权势被控借医骗财,轻忽人命而被官府判刑后,又说"因为淳于意曾做过太仓县令,地方官不敢擅自处理,只得上报朝廷。诏命押送长安"。接着便是缇萦出场:淳于意无男嗣,只有五个女儿,临行时父女相对悲泣。淳于意叹息:"生女不生男,缓急无所益!"少女缇萦听了,大为痛心,仓促收拾行李,随父同行。

---

1. 文中写道:"李翰祥坐在我车里,一起接我的小情人鲁肇岚放学,铭传许多女学生走出来,李翰祥眼睛一亮,看到一个,对我说:'李敖,我猜你的小情人就是她。'果然是她。在车里,李翰祥突发奇想,想约鲁肇岚做他拍'缇萦'的女主角,我笑着说:'算了吧,瀚祥,她何必演缇萦?她自己就是缇萦。她的父亲,现在正靠她来救。'"《李敖回忆录》里的小蕾即鲁肇岚,是他念念不忘的"小情人"。但李敖并未详言她如何救父、为何救父,只说"我在牢里年复一年斗室独居,午夜梦回,偶尔也想到纪元后一九六七年的鲁肇岚,和纪元前一六七年的'缇萦'"。

2. 任思义:《大伾山 浮丘山》,河南人民出版社1983年版。

途中之苦，自不待言。后面说到，淳于意并没能回到故里临淄，因身被桎梏，又往返长安数千里，路经黎阳（即今浚县），一病不起，不久病故。缇萦无奈，葬父于黎阳山之北。张肯堂在《浚县志》中云："（淳于）意卒，缇萦率妹（当为姐）四人为父筑墓，高五丈许。"身在异乡，淳于意卒，五女送葬。医者不自医，医病不医命也是一种可能。

结局各异不说，对孝女的评价也变幻莫测，让人看到半个世纪前延吉市丝绸厂工人的怒吼，说《改良女儿经》是"广泛推销孔孟的黑货"，批孔自然也要贬孝。[1]文中将缇萦救父的故事指为极力美化孝道的谎言。而这几年关于救父故事的报道中，多见传统美德主题与现代生活各面向的结合，比如有些是从医学、创业等角度分析，如"捐髓救父""捐肝救父""变现创业股份救父"等。也少不了从刑案中情法冲突的角度分析，比如"微博救父：一场民意、权力、法律的博弈中的案例[2]，与古代案子神似，差别在于古代没网络。上书在今日也许更容易，但要打动人心、撼动判决，也许不易。

木兰故事也从纸面被搬上荧幕，由地方走向世界。如迪士尼动画版《木兰》在1998年面世，褒贬不一，但足够令人印

---

1. 马进、黄金莲：《虚伪透顶的画皮——孝悌之道》，载于《延边大学学报（社会科学版）》1975年第1期。

2. 刘建华：《"微博救父"：一场民意、权力、法律的博弈》，载于《小康》2011年第7期。

象深刻。2020年真人版《花木兰》上映，有热度，有批评。不同版本、不同形式不断推陈出新。电影或影视剧播完，不代表故事就此尘封，不同木兰模样留存在万千观众心中。

缇萦和木兰故事在近现代的改编，较之传统社会，形式更加多样。中外创作者们怎样重写历史故事，要把故事重述给谁看，要传递何种时代精神，都是值得探究的。这也许是下一本书的探索方向。简而言之，这种改编的空间和活力，部分得益于缇萦和木兰等主角在救父故事中固有的"下落不明"。

缇萦本人，是真实生活过的，一定有她真实的生活经历和像样的结局，哪怕是个悲剧。但关于她活了多久，她怎样生活，在传统叙事里都没有明确的交代。她是勇敢到底，成为当地名流，帮助更多弱者，还是"回归"家庭，不再"抛头露面"？又或者，英年早逝？当时的人都没写，后来者更少问。她在史书中的份额就只有孝行，没有更多。那些名不符实的文字，与其说是为列女作传，不如说是作者心心念念的传统美德和说教大全。倘若你读过类似《她们的传奇》（[法]佩内洛普·芭桔著，中国友谊出版公司2021年版）或讲述二战时从德军枪下救下百余名比利时人的钱秀玲女士一生的《忘记我》（徐风著，译林出版社2021年版），或者曾志的自述《一个革命的幸存者：曾志回忆实录》（曾志著，广东人民出版社1999年版）等书，就会感受到什么是真正的《列女传》：要实实在在地记录她们——从生到死，从成就到瑕疵，包括有希望或有遗憾的部分，都记下来。更关键的是，要让她们彼此看见，让她们自己来说。

所以最可惜的其实是，缇萦她自己没机会说出来——她那支动人的笔，没写下自己的故事。但又何止缇萦一人？彰显完亲情与美德后，勇敢的女性们，多半也只留下模糊的背影。假如她们能撰写自传，说出自己上书、求情、冒险、救人时的所作所为、所思所想，又或者，假如有人想采访她们、了解她们，写下她们人生百态，尤其是冒险之后的故事，又会怎样呢？然而，这些都是今人的奢求，无奈先秦至明清的奇女子只留下背影。好在百余年来，能被看到整个生命历程、分享自己故事的女性越来越多。除了前面列举过的好书，我从法律史学人更关心的冤案故事中，找出一位隐于乡村的奇女子。她不平则鸣，一告成名，回到村落后经历坎坷。与简练而抽象的孝女、列女形象不同，她的故事更复杂、更纠结，悲喜难辨，一言难尽。

她就是杨三姐，是本书细写的最后一个灵魂。除了因为她的故事同样精彩外，用她见证家国剧变、承受毁誉无数的不凡故事，作为古代女性悲喜剧收尾，也出于笔者的私心：她也苦也难也不易，而与苦难被片面记载的古人不同的是，她活到老，赶上新时代，发出了自己的声音。这也许寓意着光明。

在倾听杨三姐本人的声音之前，先介绍这个故事中更广为人知的部分，也是她的形象拼图中更鲜艳夺目的板块——这一形象如何被艺术加工和宣传，戏里虚构的人设如何影响着杨三姐的扮演者，又是如何给"原型"即戏外的杨三姐本人增添负担的。

戏里戏外

想了解人的生活，回忆录是个宝库。如《新凤霞回忆录》（人民文学出版社2016年版），作者新凤霞是老一辈艺术家，经风浪，阅历广，老来别了舞台，谈戏剧，谈人生，样样可观。在这部回忆录中，有一篇专门讲《杨三姐告状》这一出"传统的现代戏"的来历和她的理解。该戏改编自20世纪初的一起杨三姐告状的真实案件。剧情主线是高、杨两家的人命纠纷：老杨家有三女一子，杨大姐嫁给富农张家，杨二姐嫁到地主高家，杨三姐还未出嫁；杨二姐的丈夫家兄弟六个，杨二姐嫁的是老六高占英，结果丈夫高占英跟他嫂子通奸时被杨二姐撞破，杨二姐和三岁女儿被丈夫和其嫂子一怒之下杀害；高家掩饰死因以打发杨家人；可杨三姐不依，她认为姐姐是冤死的，开始各种告状，高家则各种行贿，纠缠不休。邪不压正，最终杨三姐碰到"明白官"，开棺验尸，真相大白，严惩凶手，算是给姐姐报了仇。

新凤霞饰杨三姐,戏中着力表现杨三姐的性格,从闯公堂、不服偏袒高家的县长原判,到层层上告至天津,有些段落的处理,颇具民间智慧。比如杨三姐到天津告状时,当她得知检察厅厅长是新上任的,便走向台口定住,一转眼珠,双手一拍,说:"好!"一个灵巧转身,甩开辫子上场。动作干净利落,显出三姐的聪明机警:得抓住新厅长上任的时机。这是告状者的心机:原有的地方官早已被买通,告了也讨不到好;新来的官不论忠奸,至少扎根不深,不怕"翻旧账",还可以碰碰运气。

作为"老戏骨",新凤霞的深厚底蕴还表现在"知其然,也知其所以然",即既会分析,又善表达。新凤霞回忆,此处表演既要动作利落又"要稳重,因为她比以前成熟了"。不够成熟是何时呢?或许是第一个小高潮即初审的"闯堂"。当时杨三姐刚踏上告状之路,一心要为姐姐雪冤,不满县长偏袒,于是堂上人说退堂时,堂下人往上闯:

> (杨三姐)随着"急急风"锣鼓短跑着小碎步上场,在台口双手拦住高占英等人,仇人见面,高占英抱头想跑,三姐高喊"回来!"虚打高占英一个耳光,纵身跳起,用左手把胸前的小辫向背后用力一扔,辫子甩到背后,脖子一扭,随着翻了一个身,利用甩劲,辫子在脖子上绕了一个圈,用嘴咬住辫子稍,一手叉腰,一手指向高占英,

斜身一脚站住，眼神怒视高占英，亮住相。

新凤霞这一亮相，代表着正义一方——平民苦主杨三姐，神采奕奕，得理不饶人；惊慌失措的反倒是官老爷和富地主。这样观众自然明白，后者惊慌心虚是因为不占理。这是艺术的真实。"三姐动作快，念白狠，眼神闪光"，小小年纪，不但不怯场，还能镇住全场，这又是高超的舞台艺术了。

新凤霞强调此处"要从人物内心出发，化为动作，这样创造人物才能真实动人"。古今的正义感总有共通之处，此时杨三姐内心大概满是要报仇雪恨、血债血偿的义气，所以告状有初生牛犊不怕虎的大胆和理直气壮；毕竟，没后台竟敢闹公堂，"坏人"竟一时心虚、理亏忘了顽抗，而不是恼羞成怒打击报复，实在是告状者运气好。对这一点，新凤霞也了然。虽说杨三姐的"闪亮登场"给人留下深刻印象，但官司还是没打赢，状还得接着告。

来源于现实的喊冤，远非那么顺利，反倒是次次受挫。杨三姐渐趋成熟稳重，打耳光等动作变少，之后就要"强调她的智慧，着重用眼神来传达"了。因此，得知新官上任，又有了喊冤机会的杨三姐甩开辫子上堂，如新凤霞所说，这样显得智慧有余，利落但不过度。

剧中，上告至天津后冤案才得以平反。戏中新上任的直隶省高级检察厅华厅长唤杨三姐上堂时，她这次出场的姿态又不一样,前几场都是快步跑上场以显示心急如火,而这次则是"心里很镇定,慢慢地稳步走上,由于很安静,小辫儿也不像前几场晃来晃去的。上堂面对厅长恭恭敬敬躬身行礼,慢慢抬头,两眼平看,不直接看厅长,退着步站在一边,等候厅长问话"——艺术家心里真是有个世界!回忆录的文字中也都是画面,都是戏。从剧情和人物表现来看,这小姑娘,真成熟了。

成熟稳重又会把握机会的杨三姐,此时也算熟门熟路、经验丰富的告状人了。新凤霞强调,杨三姐安安静静,"全神贯注站在一边,观察厅长的反应"。她说(唱)二姐被杀的经过时,见厅长全程虽没发话但认真在听,唱完了"赶快近前一步",唱高占英买通贪官如何欺压:

> 头堂官司被摔下,二堂把我的哥哥押。三堂高家父子全到案,他逼我了结叫我画押。上下人等全都受贿,民女无奈才到天津上诉告她……

这是体现己方占理又凄惨,对方无理又凶恶。接下来更显"诉讼智慧",杨三姐从华厅长的倾听态度(也许还有这位新官的风评)里看到了希望,赶紧送上一顶"高帽":人都说华厅长是清官,果真不假,您惩贪官、除恶霸,胜似包公三口铡!

可谓"官司如戏全靠演技",新凤霞解说,"这段唱字字清楚,边唱边用眼偷偷地看厅长的反应,要表演得聪明冷静不能过火儿",太老练则像狡猾的"讼油子",有失原告苦主又冤又弱的人设。为了避免损害杨三姐的正面形象,演杨三姐的新凤霞要"用眼神向观众交代"——得更细腻和成熟,不能跟前几场一样。

新凤霞在回忆录里说,这出评剧是民国名角月明珠根据滦县实事改编的,当时的新任厅长姓杨,"确实做过几件好事。查办杨二姐被杀这一案是他做的好事之一,当时在华北十分轰动"。同理,拦着杨家的喊冤诉求、逼着杨家小姑娘上控的那些官员也有原型,都对得上号。那真实的杨三姐又有着怎样的遭遇?演杨三姐的新凤霞,与真实的杨三姐,是否有过谋面?有无交流?如何看待彼此?

关于"杨三姐告状"的故事,观众心中记住的,更多是新凤霞的舞台形象与剧中角色的设定。这固然难得,正所谓"台上一分钟,台下十年功",从前文新凤霞的回忆便可看出,她能将杨三姐这一角色演活并且广受欢迎,绝非浪得虚名。但新凤霞塑造的好角色众多,有讨回公道的,有追求婚姻自由的,饰演者总要将自己从角色中抽离出来,转身去演另外的角色,或者过自己的生活。可"传统的现代戏"的原型却不同,她们只能将自己从被传播甚至被改写的故事中抽离出来,去过真实的生活,同时又永远与那些故事脱不开联系;甚至可以说,真实的杨三姐,有一部分(如果不是全部)困在了别人演绎的"杨三姐"这个角色里。而且因被动承担了故事原型的性格、精神气质等，告完状后的杨三姐后来的生活，倘若与故事里的那毫不畏惧、生气勃勃的少女渐行渐远，还会令看客发出"赢了官司，输了人生"的感叹：好像她一辈子就是为了一场官司、一个角色而活！这种局限，正与历代列女传里剪裁人物生平来顺应道德教化的方式相近，往往有失公允；旁观杨三姐生活的人，包括出色的扮演者新凤霞在内，或多或少、有意无意，都未能避免。

从新凤霞的角度，杨三姐确实首先是个角色。对这个角色的理解和把控，与真实世界中告赢这一案的杨三姐，既有交汇，也有疏离。

交汇有二。一来，舞台上根据常情常理与艺术造诣所展现出来的少女的坚强勇敢和稳重成熟，其中的智慧曾真切体现在原型身上，否则无法成就传奇。先有人后有戏，有现实中杨三姐勇敢泼辣、沉着冷静的告状成功，才有艺术家创作、演绎和观众爱看的故事。二来，前面说过新凤霞很会演这出戏，除了艺术造诣外，也是因为个人感情，是演员与角色的精神气质契合。她说"解放前我经常演"，"我喜欢这个人物"，认为十七岁的少女杨三姐（乳名杨三娥）"在那个社会，不屈服于当时强暴的恶势力，从村里一直上告到厅，终于把官司打赢，给姐姐报了仇。这样一个弱小的农村姑娘，能做出这样惊天动地的大事，多么值得敬佩呀！"可以说，同样年少且有股倔劲的新凤霞，看到了杨三姐这角色的很多闪光点，认为自己和告状的杨三姐，在精神上是投缘的。

说是疏离，除了艺术加工之外，还在于台上演的是人们记忆中和关注过的少女杨三姐告状"成功"这一段，而她既然是个真人，就总要把日子往下过。人是会变的，曾经的勇气，始终存在于她身上吗？再遇不公，她还能不惜一切抗争到底吗？对此，新凤霞曾基于了解和"脑补"，对原型的下落和境况发过一番感慨，其中的疏离程度超乎想象。可见演员对角色的理想期许与对现实人物的失望，其间的落差展现出"大团圆"背后人物境遇的另一可能。

新凤霞这位实力派，有了机会是敢于化期待为行动的。1956年中国评剧院挖掘评剧传统曲目，她提名了《杨三姐告状》，因阵容合理，剧本感人，主创团队获得不少支持，新凤霞热情高涨。可在那个年代，这样的结果有人高兴，有人失落。跟评剧《刘巧儿》赶上婚姻法宣传的热潮，"马专员"马锡五某天来到北京民主剧场看戏并亲切点评，该剧受到工人农民热烈欢迎的"盛况"不同，新凤霞访杨三姐时遇了冷。是的，"真""假"杨三姐曾见过面，但也只见过一次，还很不顺利。新凤霞后来把杨三姐近况及自己的感悟写进了回忆录里：

> 我看见杨三姐以后不免失望，她生得干枯瘦小，精神萎靡，十分憔悴，想想她当年向有权有势的高家作斗争，把官司打赢，今天见了她真不能相信。

为何不信呢？一方面，可能是新凤霞访杨三姐遇冷，而找杨三姐的哥哥杨国恩了解情况时则得到热情对待。这兄妹后来断绝了来往。新凤霞找到杨国恩时，他虽然失明却态度热情，不仅谈话，还拍了照，提供了不少新情况。比如，论出名当然是故事和戏剧中的主角杨三姐最出名，但杨国恩对打官司过程中出的力，也有自己的说法，新凤霞对此回忆道："他说当时打官司是他跟杨三姐一道去的，身上带着刀子，到处都准备拼命。到天津遇见了高等检察厅的杨厅长，新官上任，想博得一个为民除害的好名声，不然这官司也难打赢。"积极接受采访的还有当时经管此案的警长，"解放后他劳动就业，生活很好"，警长回忆高家花钱如流水，还讲了滦县县长受贿的事。

相比之下，故事原型杨三姐却躲躲闪闪，为什么？或许有时代的原因。津津乐道当年事的杨国恩是贫农，新中国成立后分得房子和土地，儿子参军，自己成了光荣军属。而杨三姐家"成分变了"。新凤霞听人说，当年杨三姐由于把官司打赢了，给二姐报了仇，在滦县很轰动，已成为一个了不起的人物；后来她被一家大地主看上了，为了壮门面，这家地主娶了她，改换了她出生的杨家世代贫农的身份。在当时，贫农变富农，人虽还是同一个人，却难以保持剧中的正面形象了。新凤霞这样写她见到的杨三姐：

解放后，人民政府虽然对她还是照顾的，但她丈夫很反动，是被镇压的。她的大儿子还在押，二儿子是受管制的。我见着她时，看得出她那受政府管制的儿子却在管制着她，跟在她身边寸步不离。她连话也不敢对我们讲，躲躲闪闪。我要求她讲讲当年打官司的经过，她拒绝说。

杨三姐拒绝了拍照，确切来说是她儿子拦阻的，他"还说我们想拿她的相片去卖钱，根本不跟我们合作"。

看到曾经意气风发的人物变得畏首畏尾、没了神采，也许这才是令曾经擅长饰演杨三姐正面形象的演员所最不能接受的。所以，在她眼里，既然如此，杨家兄妹分道扬镳，好像也是顺理成章——"成分"变了，处境就不同了。一个面对北京来客，能侃侃而谈；一个却小心翼翼、讳莫如深。"杨三姐打官司后嫁给了地主，他们兄妹就断绝了来往"——新凤霞当年全盘接受了这个说法。至于是谁说的已不清楚，反正一定不是已成为惊弓之鸟的杨三姐。其实多想一层便知道，健谈的兄长杨国恩是借机跟非贫农成分的妹妹家划清界限呢！

对新凤霞而言，从新中国成立前演杨三姐的戏，到新中国成立后终于见到杨三姐真人，这几十年中，剧中人和现实中人产生这样大的疏离，算是经历了一番"破"与"立"吧。新凤霞说："访问杨三姐，虽然出乎意料地没有得到什么，但是使我看到了生活的另一面。"这足可代表"大团圆"之外的另一种可能。因此，探明新凤霞这些论述的前因后果，挖掘出故事中人物生活的起起伏伏，曾被我看作探究杨三姐故事时的最大收获。新凤霞作为故事的"亲历者"与人物发展后续的记录者，看到了"生活的另一面"，一边仍然相信剧情即"杨三姐这样一个勇敢坚强的弱小女子，在一场生死搏斗中，冲破了旧社会的黑暗势力，取得了最后胜利"的同时，一边也感叹现实中的杨三姐"仍没有逃脱那个黑暗的时代给她布下的陷阱。一个英雄的贫农女儿杨三姐被旧社会的恶势力吞噬了"。这种黑白分明、对比强烈的描述，实在有其动人之处，尤其是这位饱经风霜的老艺术家在《新凤霞回忆录》中写到的关于杨三姐下落的那几页，让人深受震撼。[1]

但震撼不能代替思考。新凤霞只是知情人之一，她的声音不能淹没当事人的声音。那杨三姐在哪里？杨三姐又是怎样说的？

对这个问题的探索，既与"少女缇萦后来呢"相似，又比追寻千百年前的缇萦事迹多了一些便利。新凤霞说杨三姐被旧

---

1. 正如新凤霞丈夫吴祖光评价她的文章，"可贵的是她的深挚朴实的感情，对我来说是闻所未闻的传奇式的生活经历和她独具风格的语言，这都是别人代替不了的"。1980年艾青作"美在天真——代序"时说新凤霞"从一个带着'鱼枷'上场的苏三，到高唱妇女解放的刘巧儿，中间经历了数不清的折磨，而她的艺术始终为广大群众所喜爱；如今她虽然不能上台了，但她的唱片、她的文章都传播得更为久远"。

社会恶势力吞噬,是将杨三姐的变化归咎于环境而不轻责个人。但仅凭这"一面之缘"与"成分"变化论人,是否过于绝对呢?是否可以认为她更关心的还是艺术形象,是不能有污点的"纸片人"呢?似乎是这样的,因为新凤霞所忠实和关心的是舞台形象。她说跟杨三姐见过那一面后,再也没找过她,"回来后我决定忠实于舞台上的杨三姐,进行创造加工,舞台上的人物往往是依从人们的理想美化起来、丰富起来的"。

剧改编了又改编,演员换了又换;新凤霞走后,杨三姐还活着。新凤霞的文章虽写完了,但不代表杨三姐的故事到了终点。能讲完杨三姐故事的,只有杨三姐本人。

关于杨三姐的声音,我继续寻找之后,又发现事情未必像新凤霞所说的那样。易地而处,新凤霞等艺术家在那样一个敏感的时期来访,杨三姐不得不沉默,来客听到的未必是全部。等到杨三姐想讲的时候呢,当年急着实地采风的新凤霞已转了念,剧本里的故事早已定了型。好在后来杨三姐的后人、熟人,影视新作的创作者等逐渐发声。

真实人生未必都像台上那样,戏里演不了、逢人说不出的那些事,我们可以不急着略过或删掉。不妨跟着其他人的讲述,再来看一看现实中的杨三姐,包括被人误解与忽略而她想补充或修正的打官司的细节,也包括告状前后让她痛彻心扉和讳莫如深的那些事,比如恋情与婚姻。

人生成败

1984年杨三姐去世后,杨家一位晚辈亲戚(其姐是杨三姐的堂孙媳妇)、宁夏文史研究馆馆员杜桂林,整理发表了杨三姐的自述。[1]其中几个细节值得注意。

一是提到死者杨二姐遇人不淑,不合适的婚姻种下了苦果。

杨家家境确实一般,但三姐妹中,大姐二姐都嫁到了殷实人家。杨、高两家自幼结亲,高家也曾跟杨家一样条件普通,但后来富了。杨二姐嫁给高家老六后过得不好,说是她"软弱"能忍,也许是形势所迫。杨二姐虽说是明媒正娶,奈何贫富悬殊,嫁过去自然有些抬不起头。高家骤富,家教也不讲究,从高家老五开始就"把窑姐儿娶到家里做老婆",老六也

---

1. 杜桂林:《杨三姐自述民国初年的人命官司》,载于《世纪》2005年第2期。

是有样学样,喜新厌旧,胡作非为,后来犯下了杀妻之罪。

二是之所以认为杨二姐的死事有蹊跷,杨三姐其实是从一件小事中确定的。小细节中能体现出外人描画不出的姐妹情。

原来,除了高家送"死信"让人觉得杨二姐死得突然、可疑外,妹妹杨三姐注意到二姐尸体上的异常——右手中指缠了一块棉布,这小块布是从衣服上撕下来的,那衣服却是三姐给二姐新做的蓝布褂的衣角。在她看来,这意味着二姐当时有伤(而非病),且裹伤的布不是伤者自己撕的。首先因为二姐节俭,不会撕衣服;其次因为被撕的是新衣,还是妹妹亲手做的,二姐绝对舍不得。

杨家追问,高家搪塞,疑点持续累积。比如杨二姐仓促下葬、葬仪潦草;又比如杨二姐尸体有伤,高家不让细看,再比如三姐问二姐夫,二姐手上的伤怎么来的,高占英搪塞说是切菜切的,但二姐是左撇子,却伤了右手。难解的疑团在逐渐发酵,下葬前三姐揭开蒙头布,见姐姐嘴上有伤,下身也不干净……不知三姐生前都经历了什么!杨家人决意告状,三姐毫不犹豫,敢拼上小命。但与其说她是要做个榜样、"唱出好戏",不如说只是气不过——为了不让与她姐妹一场,生时忍让、猝然惨死得不明不白的二姐蒙冤。

所以,演戏的,看戏的,前面看得义愤填膺,后面看得大快人心,这都符合人情。但新凤霞等人永远体验不到的情绪,是失去至亲的杨三姐就算打赢官司,也换不回死者的悲痛。终其一生，杨三姐都躲着以她为主角的这出戏，一看开头就勾起伤心回忆。戏里演她告状，而告状是因为二姐的死。杨三姐自己说，她没看完过《杨三姐告状》这出戏。现实中打官司哪里能像戏里这样快意！就算官司赢得痛快，难道杨二姐能死而复生吗？况且杨二姐的死也是杨家人的一大伤心处，且恐怕三姐遭遇了难以言说的残酷虐杀。于是这戏每演一次，都像是揭一次死者家属的伤疤——津津乐道此事者，怕是心里已经翻篇了，不但淡忘了二姐，甚至还要趁机说些别的；但杨三姐不想提，除了因官司前后有过太多伤心事，还因她一直把二姐放在心里。

鉴于此，我选择相信杨三姐和杜桂林。杨三姐不愿多谈告状之事，因为"她太伤心了，谈起来就掉泪"。按理说，人们不愿揭她伤疤，也就不多问了。但戏里演得玄乎，其人又还在，当地的小孩子好奇来问，"她连打带骂把孩子们赶走，一字不提"，对亲戚晚辈只好给点面子，说一点儿。杜桂林断断续续记下来的这些，都是合理的细节。杨三姐的态度也是前后一以贯之的——她到县城逛庙会无意间瞥到这出戏，看到开棺验尸就泪流不止，只好让孩子们套车送她回家——真正的亲历者平时是"连想都不敢再想"，何况是看戏呢。

三是认为有些名字，戏里没讲。

告状时，杨三姐被唤作三姐（杨三娥），其实那只是排行，不是大名。上户口时她才有了真正的名字：杨国华。不过杨三姐对自己户口本上的名字没有多看重——估计当地人、看戏人也都认为告状的是"杨三姐",这也没错。

但有一个名字,戏里没提,而杨三姐牢记——官司能赢,离不开徐汉川,"徐大律师是我的恩人,我永远给他烧高香"。不仅如此,真正指点过她和不计报酬帮她的律师,她都记得:滦县的周律师,让她去天津找他的大学同学徐律师;天津的律师徐汉川"仗义执言、扶危济困、不惧官府",果真帮了她。

杜桂林记录的杨三姐老年口述,也许修辞上有润饰,但杨三姐的健谈和真心,以及她的心计与智慧,仍然可从文辞中窥见。杨三姐话说得很周全,老来言语中仍满满都是感恩,"我的官司是普天下好心人一起帮我打赢的,我活一天、念一天他们的好儿"。而这其中,她说得最多、把名字记得最牢的,就是天津的徐律师。杨三姐说,"编戏的人没有亲身到过法庭,他们不知道官司是怎样打赢的",可她知道。"律师不出庭,有理说不清",徐律师接此案就是魄力,赢此案更是实力,毕竟"高家也请了律师,又使了钱"。

为什么后来没人写到这位好律师呢?表面上看是因为要对事实做艺术加工,无法面面俱到。但也许体现了"传统的现代戏"仍遵循传统的公堂模式:创作者和观赏者都认为告状和辩冤的关键只在杨三姐和"青天大老爷"——这无疑更符合古代戏文套路,满足大众口味,于是新式的"法庭辩论"只好在戏里缺席。

关于徐律师为何帮杨三姐，说法不一。赵德明在《杨三姐告状始末》中先着重夸了滦县的周律师，"不仅义务为杨三姐写了一份论据充分的呈状，而且还从法律的角度，为杨三姐更改了年龄，变十七岁为十五岁。这样一个未成年的少女打官司就比较有力，为这场官司的胜诉创造了必要的条件"。[1]但接着又写杨三姐"将计就计"，拿着高家私了的150元"损失费""只身前往天津"告状。这倒与杨家人所说的靠募捐来的善款去告状，存在出入。赵德明接着写，"当时，天津有一位著名的律师叫徐维汉，据说与杨家沾有一点亲戚关系，他亲自给杨三姐写了呈状"，沾亲带故这种描述，让杨家告状的艰苦顿时打了点儿折扣，使得徐律师的公心也不那么彻底。但根据杨三姐自述，并非如此。

还有个说法，把功劳分给了徐律师的内人。据说，杨氏兄妹到天津后，好不容易找到了徐律师。徐律师先是回绝，理由是这种事太多了，厅长这些日子挺忙的，怕是顾不上。可巧徐律师的姨太太在旁，她对徐律师说："汉川，看这姑娘也怪可怜的，咱就帮她一把吧，你们男人若都像姓高的那样狼心狗肺，我们女人还有活路吗？"徐律师就改了主意，同姨太太带着杨三姐去见厅长时，那姨太太也帮着说话。几天后，杨

---

1. 赵德明：《杨三姐告状始末》，载于《长寿》1987年第4期。

厅长就带人去现场开棺验尸。[1]果真如此的话，也是多亏姨太太的侠肝义胆，倒像是百年前的"女孩帮助女孩"（girls help girls）了。

而官司之外，有更多情节被歪曲了。

新凤霞前面所说的"被吞噬"即是一例，这大概是与杨三姐绝交的杨国恩提供的不利消息，因杨三姐默不作声造成了新凤霞的误解。某种程度上这也是杨三姐诸多不被外人理解的事实的一个缩影。因为大多数时候，知道最多的杨三姐从不开口。别人问什么，她不回答；别人编什么，她不理会。也许她明白谣言止于智者，也许是她吃过教训，多说无益。前面所说律师的功劳不为人知，也许只是单纯被忽略——但这也可窥见一点杨三姐的真心：她真心感谢帮过自己的好心人，尤其是没有获得相应赞誉的徐律师等，她或许于心有愧，一定要找机会对着信赖的人清清楚楚地讲出来。这足见她知恩图报的真诚。如果结合杨三姐遭遇的"人红是非多"的境况来看，这里面又有种不计个人荣辱的高贵。她不自辩，但会为律师没能留名而感到抱歉。这种淡定的品格，是先天就有，还是后天形成的呢？

---

1. 如王士立、赵振国主编的《冀东名人传》（南海湾出版公司1989年版）书中，由姜顺贵撰写的"杨国华（杨三姐）条"，便提到姨太太对杨三姐的帮助，似取材自肖波在80年代初对杨三姐所做的访谈，并有所删减。

相比律师"没名字"，围绕杨三姐本人的传闻，可谓花样百出。对杨三姐告状一事，有些人信了舞台上的表演，有些人却不信女子能告下状来，一定要把她想象得多么不堪，更有些人乐得看笑话。于是乎，杨三姐的家务事被人指指点点。相对评剧剧情和《新凤霞回忆录》中的误解，现代有的电视剧竟将她改成清朝高官家的大家闺秀等，离谱至极。胡编乱造的不经之论既来自猎奇的看客，也说明杨三姐赢了官司、树了死敌——高家人，甚至部分杨家人，都不愿善罢甘休。此外，人非圣贤，孰能无过，动荡年代谁也保证不了自己始终能做出正确选择。仇人、看客暗中观察，无处不在，要强的杨三姐，就算无愧于心，也是实实在在受过苦、有过怨的。所以，正如其他利害关系人的讲述一般，杨三姐的自述是宝贵资料，却未可全凭。

比如她对一些关键问题撇得过清。近代之事虽距今未远，仍有"旧闻"可供追寻，还是不免留下疑团。而我对这些事的关心，正如对更早的缇萦、木兰们的关心一样，想从劝孝立场背后尽可能还原出一个个相对鲜活的人，力求"兼听则明"，却无法像从前的史家那样毫不犹豫地认定自己所知所写就是唯一的正解，并根据自己的立场将那些不能确定、不被关心的成分全盘删减。倘若连百年前记载的杨三姐故事，我们都无法看清人物本身，那上千年前的孝女故事，古今看客又凭什么那么自信，寥寥数笔便能概括她们一生？另一方面，她们本人没有写下什么，也许不是因为她们没有故事，而是其他人没有问，或者不敢问。而杨三姐的一生，其中的复杂和波折也许暗示我们，出头求情的古代女性，难免有下笔难言之苦。以下是关于杨三姐故事的几位讲述者，以及他们对杨三姐告状后婚姻情况的几种说法。

第一位是杜桂林。他说道："认识杨三姐，是从1947年开始的，因为我姐姐嫁给了杨三姐的堂孙薛金印，于是我们成了亲戚。平日里去探亲，我称这位老人家叫表奶奶……少年时代，我经常到双柳树村我姐家去玩。亲耳听过她的故事，亲眼见过她老人家，也曾与她老人家交谈过。又听过我姐的婆婆、婶婆婆给我讲过老人家的故事。"对外人一字不提告状事的杨三姐，"也许因为我是亲戚家的隔辈人吧，老人家有时还给一点面子"。不过，杜桂林的信息源除了杨三姐"断断续续地给我讲过一点"，也还有熟人中的传闻，即"我姐的婆婆、婶婆婆给我讲过老人家的故事"。

第二位是肖波。他于1986年曾出版长篇小说《杨三姐》等，后来陆续发表了《杨三姐告状始末》《关于〈杨三姐告状〉的考证》等文章。肖波的文章经过实地走访，"采访了杨三姐本人和其兄长杨国恩以及高占英的学生高恩仕"等，材料较丰富、多元，态度也颇公允诚恳。

第三位是薛晓强。他是杨三姐之孙。喻谦《杨三姐之孙：我为奶奶讨清白》(《中国妇女》2008年第4期) 一文，发表背景是杨三姐最小的孙子薛晓强因对2007年播出的电视剧《杨三姐告状》中的情节不满而将剧方告上法庭，记者就一些问题采访了薛晓强。薛的回答，看似解释了不少，但其实疑团也不少。总结下来，有以下几点。

第一，杨三姐嫁给了谁，为什么嫁。新凤霞听杨家哥哥说杨三姐嫁给了财主薛家，成分不好，两家就不来往了。薛家是穷是富，其实说法不一。说薛家富的，一说是这家人看中了杨三姐的坚强性格，娶她为了"顶门户"（肖波）；一说否认，说其实是薛家大房不生养，娶杨三姐做二房（薛晓强）；也有否认杨三姐嫁过去时薛家有钱，"杨三姐23岁时与本县上波子乡双柳树村薛姓男人结了婚。薛家也是穷人家，杨三姐在家白天拾柴禾挖野菜，晚上给人家缝补衣裳，一年下来省吃俭用攒了三块洋钱，她男人在乐亭扛活挣了四块洋钱。杨三姐用这钱从集上买了几捆苇子，开始学织席子，一领席子拿到集上去卖能赚两个铜子儿。到第三年头上，他们就置了两亩薄沙地。自己有了地，三姐的男人也就不出去扛活了。以后杨三姐生有三男二女，她男人在解放前死去。土改时，杨三姐家已是村里上等人家，被划为富农成分"（姜顺贵）。由此可见，两口子白手起家，靠劳动攒了钱，才买了地，土改时就被划成了富农。或说，薛家当时虽有几亩薄沙地，却"也打不了多少粮食"，自幼穷怕了的杨三姐嫁过去，努力劳作省吃俭用过日子，置办上了牛和车，却在1947年"不知怎么阴差阳错"给划成了富农

（杜桂林）。

杨三姐的丈夫薛庆和（薛老四）死于旧中国，也许就是跟成分有关（杜桂林）。"丈夫早死，她守着五个孩子过日子"（薛晓强）。一把年纪的寡妇经历了多少风波，多少事要守口如瓶，才终于"等到改革开放的好时候"（杜桂林），恢复了名誉并当上了当地政协委员，1984年与世长辞。

成为寡妇、富农、牛鬼蛇神的"她虽然一声不吭，但是她想活下去，并认为新社会应该比旧社会好一点才对"（杜桂林）。与还是未婚少女、赴津上告时，支撑她的是良心，是要为受苦的姐妹讨公道一样，此时支撑她的是"世上还有好人"的信念。万幸，时间证明她是对的。

第二，杨三姐未曾嫁给谁，为什么？这个问题能让我们更好地理解杨三姐的婚姻和她的沉默，除了因心疼死去的二姐而不敢看戏、不愿提起旧事，也许还因为她自己也经历了太多：胜诉之后她才明白，总有事是赢不了、说不清的。

有人说，杨三姐死过一次。那又有什么事能让拼死告状还告赢了的少女感到无望呢？是旧势力还是退婚？比起仇敌，伤人最深的是亲友，"由于受不了旧势力的凌辱和大秋退婚的打击，杨三姐曾悬梁自尽，但被其母救下"（姜顺贵）。后来，杨三姐才嫁到了薛家。

如果新凤霞真的知道告状归来的女子都遭遇了什么——杨三姐在当地为何沉默，得到同情是例外，孤立无援才是常态，或许她对杨三姐的态度会有所不同。旧式的贞节和新式的成分，两个重担压下来，人生再也难以像告状那样赢得满堂彩，倒始终是危机四伏。但她都默默地承受下来。

杜桂林提到，裹了小脚的杨三姐，看上去是个平常的老太太。当地人称其善良贤惠，至于说她到老仍健谈，可能意味着在亲友面前，她年轻时的风采还在。

第三，"不少人都认为杨三姐告状是她人生中最辉煌的时刻，但她告赢了官司却输了人生"（喻谦），这话我不大同意。诚然，读了很多资料后我仍未确知杨三姐在婚事与家事中都有哪些苦衷，但已能够理解她的沉默。笔者猜测，正如她年少时敢于不平则鸣，她能忍到老，亦见勇气。也许是心诚则灵，经过重重找寻，后来我终于"听"到了她的声音。

她自己说

20世纪80年代起,肖波连续创作了小说《杨三姐》和《告状之后》,前者附了一篇"告状前后",标明"杨三姐自述",是根据1982年访问杨三姐时的谈话录音整理而成。其中他有提问,有议论,但更可贵的是有慧眼,更有尊重和思索。这份由他整理的文字,保留了八十多岁杨奶奶身上智慧的火花和人格魅力,部分还原了她那熠熠生辉的灵气、义气、勇气与幽默感。

访谈有几十页,他按先后顺序分了小节,一共九个小节。第一小节,还是从戏里引出来的。杨奶奶夸成兆才先生有才,紧接着提起了"眼下,他编的戏也演呢……你听那张五可报花名儿,多有意思",她显然也没忘记曾经的来访者,"张五可姑娘还看过我呢。我可挺冷待人家。为啥?"说来话长。头一天采访,一问一答,还是围绕着打官司。

开始她说"那事跟戏里演的没差大盖儿",但肖波是耐心的倾听者,也是敏锐的提问人,杨奶奶讲告状事,先从编戏的成先生说起,讲告状遭遇的官官相护,没忘了批判旧社会,是她的谨慎。肖波又把话题拉了回来:既然是"差不多",那还是有差别。"你问戏里跟真的哪儿有茬头儿?我说了,不差大指盖儿,小茬头儿有。"杨奶奶提了几点,看得出来她仍是性情中人,记性也很不错,至少告状的事是她刻骨铭心的记忆。"你还说我清醒?糊涂啦!那时候的事印在脑瓜子里咧,不爱忘。可昨个儿的事睡宿觉就忘咧。""今年八十三咧,阎王爷也不招呼",算起来,她带着这些记忆快七十年了。过了不敢讲的时候,遇上了真想听的人,可能她也会讲出来。

戏里写杨三姐到县衙告状时,县长偏袒高家,杨三姐就做出了弱女子上公堂常见的示威:从怀里抽出来一把尖刀子。不是要行刺,就是要自戕,总之是要泼洒鲜血来明志,这很有舞台效果。但杨奶奶却说,这可不现实,"我从哪儿来的刀子呀?我爹又不是杀猪宰羊的屠户",她讲究民间实用智慧,用的是一把剪子,本来是她拿着赶路时防身的,逼急了才在公堂上亮出来。而成先生写戏是要足够吸引人眼球,可刀从哪儿来的,他就不管了。而少女杨三姐带着剪刀走去县衙告状,想来有种别样的凄凉和紧张:"那阵儿,到县城里去都是小蚰蜒道儿,比不了如今铺黑油的大马路。道儿上总有打杠子的,大意了还了得?"几句话,一下子把勇敢的告状人,拉回到十几岁贫家女的艰难处境:小姑娘"怕碰上坏人",怕的何止"打杠子"劫财的？可她且怕且行、且行且怕……现实中的细节比戏剧更丰富。

她记得清清楚楚，开棺那天，七月初二，"下着蒙蒙雨儿"，"验出了我二姐是被害的，就把高占英押走咧！押到天津"。不过，他伏法是绞死，而非枪毙。可以想见，成先生的改变，也是摸准了观众爱看。杨奶奶自己就说："成先生编成了是枪崩的。也中。有响儿，更解恨！"

看她肯开口，又显然是心里存着事，且都记得清，肖波在记录里写，"原计划简单问一问的想法动摇了"，"看来，我得在这里住几天"。看，杨三姐的故事不简单，她为人也不简单。陪着来的村干部没耐心，嫌三姐说话啰嗦，但他们一走，对着远道而来的能听、会听、想听的人，三姐成功抓住了采访者的注意力。有这机灵劲儿，她不告赢，谁能告赢？[1]

第二小节，从问吃饭开始，肖波有备而来，三姐见其拎着的道具问起"喂，同志，你还拎着这戏匣子干啥？"她这是把录音机说成了戏匣子。听孙女淑翠说要录音，老太太坦然不怕："咱又没有瞒一头盖一脚的勾当，说出去的话，泼出去的水么。"她说的都是实话，不怕记录。她这是到年纪了，八十

---

1. 肖波在第一段开头记下，大队会计叫徐祥，对杨三姐说："你就说说当年告状的事吧！王同志的时间很宝贵。"跟着听了一小会儿，也就是听到杨奶奶讲成先生如何编戏后，徐祥就小声嫌她啰嗦。肖波懂得很，"他可能出于礼节才陪着我"，就请人家先去忙，杨三姐这才畅所欲言。

老人何所惧？况且形势又好了起来。录音匣子一打开，老人家的话匣子也打开了。

杨奶奶先从在娘家当姑娘时候的伙伴双妞儿问她"你家没财没势的，咋能把高家告倒咧"这里开始说。这当然是戏里戏外众人一直感兴趣的话题。她说的细节，也跟前面"怀揣剪刀走小路"一样生动有质感。

她说，发现牛县长偏心，在本地没法子了，病急乱投医，找远房亲戚，介绍了周律师，周律师又写了介绍信把她引荐给徐律师。这么看，沾亲带故的其实是介绍人，而不是徐律师。当然，徐律师也不算完全陌生，可也套不上近乎——关系转了好几层。

杨三姐最初求助的是远房表叔，姓冯，她也不是白去，仍然讲究人情世故、民间智慧："空着手去不得劲儿，我还买了两斤绿豆糕哩！花了十五个铜子儿。那阵儿不花纸票儿。"为何她记得这样清楚？因为打官司对她家绝不是小负担。她手握五十个铜子儿精打细算，"恨不得把铜子儿攥碎了花"，因为这是去当铺当了母亲陪嫁的一对银镯子换来的，更何况，求人办事难，花钱地方多，状纸还要八个铜钱一份呢。

"料不到哪块云彩有雨"，因着好运遇到了徐律师。这位天津大律师的姓名她记得清清楚楚——徐汉川，并对肖波解释，如何靠着她自创的有点儿俏皮的谐音梗记下这名字——跟跑旱船的旱船同音。她又提醒自个儿，不是真旱船，那就是"虚汉川"。肖波夸她伶俐,她赶紧自谦:"笨人笨法儿呗。"

可正是笨办法、实在人,肯自助,有天助,得人助。初见徐律师,杨三姐把对方的做派记得很清楚。徐律师不是那么好请动的,冤案也不是那么好撼动的,他一开始不愿接这案子,杨三姐说,"多亏旁边有个女人给说了好话"。就是前面说的姨太太——竟然是杨三姐亲口承认的真事儿!杨三姐说,那女人看着才二十五六,当时把手放徐律师肩上,劝他主持公道,帮小姑娘一把,徐律师"听了那女人的话,眉眼就笑咧",还跟她打情骂俏,假装犯难,说怕厅长嫌他多管闲事,不想去碰钉子。那女子却说要跟他一块去,看厅长给不给面子。当时作为乡下人进城的小姑娘,杨三姐还不知道那是徐律师的姨太太,只看她"穿着旗袍儿,弯弯儿头发,我原先寻思是天生的呢",反正只要能说动徐律师,就是个好帮手。杨三姐就这样跟着徐律师和年轻女子见了杨厅长,诉了冤,女子还"娇声娇气地帮我讲情,还贬斥厅长是个昏官儿。我一听,这女人胆子比我还大,准把厅长惹翻了。想不到那厅长反倒对徐家姨太太说:'好办,好办,我敢不办,李二小姐就不跟我跳舞啦,哈哈!'"得亏杨三姐记得这样清楚,我们知道了姨太太被厅长称为李二小姐。这位交际花般的人物,是怎样做了五十出头的徐律师的妾的,又为何在厅长面前也说得上话,恐怕永远是个谜。可多亏了她,沉重的命案和冤情竟争取到了转机,"果真不几天,那厅长就带着人开棺检验来了"。

还记得新凤霞怎么演杨三姐见厅长的吗？说要沉稳，要有眼神，要明白诉冤，还要适时恭维，"人都说华厅长是清官果真不假，您惩贪官、除恶霸，胜似包公三口铡！"这话，就算杨三姐说得出来，当时的场景也没给她制造机会。而李二小姐的娇嗔，或者说李二小姐这个人，都是成先生写一出告状大戏时坚决要略去的。律师尚且不给戏份，更别说他的姨太太了；正义的伸张要浓墨重彩，求人和送礼只能是反面角色的专属。可在杨三姐心里，事怎么办成的，谁出了力，自有一笔账。

她对民国官员的印象其实一般，就算真会把某人奉承似包青天，恐怕也难发自内心。前两节合起来，滦县的牛成虽然在天津的杨厅长那里"吃了瘪"——验完尸后被扇了两嘴巴，可她后来才回过神来，就算是冤假错案、收受贿赂，都影响不到牛成的根基，他"不过是挪挪窝儿，到安次县又当上了县长"。虽说杨三姐告状的戏传开后，牛某人的名声受损，可他官威还在，"我还听成先生说过，在西边安次县里演这出戏，成先生还被抓去坐了牢"。杨奶奶到老算是看透了，"闹了半天，人家厅长那是面子活儿，给咱老百姓看的，图希闹个清官的名儿"。她显然是后来受到了教育，提高了觉悟，对旧时代的一切都自觉控诉，"旧年月嘛，要不出人家的手心"。巧的是，新得知的情况让她有了新看法，肖波来访前几天，她在南开大学上学的孙子去查了校史档案，给奶奶写信，肖波摘引："奶奶告状那年，正是五四运动的兴起，那杨厅长，叫杨怀德，是个镇压学

246

生运动的刽子手，他曾指令警察开枪，打死我校示威游行的学生三十多人。"于是杨三姐对肖波讲："不管咋说，是杨厅长来了，才给我二姐伸了冤，我总寻思他不是赃官儿。前几天，我才知道，他也不是好玩意儿……原来这东西也是个反动派。"这大概就是她的定论了，而"也不是好玩意儿"，自然意味着牛成是个不干好事的赃官。

但对于徐律师和李二小姐，不知南开的大学生能不能查到资料呢？上世纪80年代找资料不像现在这么方便，但杨三姐当年就是个不怕跑腿、能说会道、会打听事儿的，她也明白有些帮手是为了报私仇，目的未必纯粹。她心里知道的，远比说出口的多。可对着肖波，她没说徐律师一句不好。"律师不出庭，有理说不清"，也许对着晚辈杜桂林，或者对着别人，她也是如此不吝啬提起自己真正的恩人，夸赞真心帮她的人。也许普通百姓心里如明镜，有权的老爷们当然能管一时的大用，"料不到哪块云彩有雨"的好运、积少成多的善意会产生重要的影响，但过日子靠的是一步一个脚印。这些被史书、戏文略去的细节，才是真正看得见、摸得着的。

第二节的告状由杨三姐的朋友双妞儿引出后，又从办案的大人物拉回到多年前的少女聊天。聊的内容除了官司大事，就是终身大事。那天，双妞儿说，媒人介绍了一个好人，她没见过，又紧张又羞涩。杨三姐给她打气，但作为同龄朋友，她也面临相似的问题，杨家也要给这个最小的姑娘找婆家了。

第三、四、五节，是关于杨三姐最初定的一门亲事。此门亲事家里满意，她自己也满意。后面六、七节，则是她回忆婚事如何不成。看得出，肖波在此花了不少工夫，也确实想经由此类人生大事，更彻底地了解杨三姐的一生。

"告状之后"值得关注的大事，就是她怎么离开娘家、建立自己的家了。这段经历坎坷波折，远非"冤案平反、真凶伏法"那样大快人心，而是急转直下，五味杂陈，分外苦涩，也许更接近生活的浑浊本色：哪里有什么可以简单消灭的真凶和贪官？虽死了一个高占英，但官员要护面子，高家人要报复，甚至村里人、告状时不伸出援手的杨姓宗族，都要跳出来找杨家人的茬，拿杨三姐"开刀"。十几岁去告状并告赢的杨三姐怎么会想到，最屈辱、最灰心的时候，不是告状之时，而是归来之后。其间创痛，有杨三姐不愿说的。原来说她死过一次的传言，经她亲口承认，也是真的。

肖波给这九节采访加了题记：本篇试图以杨三姐告状胜利前后那坎坷多难的经历的叙述，使人们看到几十年来社会发展的脉络。就告状这一段，"'衙门口，朝南开，有理无钱莫进来'本是旧社会官民关系的真实写照。只是由于各种复杂的因素，杨三姐打赢了官司"。从更长远的人生路来看，"正像施舍不能解放被压迫人民一样，她并没有丝毫改变当时的社会制度。反动势力、封建魔爪以及世俗观念，继续冲击着她，围剿着她，使她反而丢掉了更多的东西"。相比那些认为杨三姐被

"黑暗吞噬"或"赢了官司,输了人生"的说辞,我更赞同肖波笔下温和克制的论述:她确实失去了很多,而令她打赢官司的,是复杂因素下的偶然,令她后来历经坎坷的也不仅是一股恶势力,还包括贪官污吏、地主恶霸和被误导的宗族与乡邻,甚至她曾经的心上人,都牵涉其中。也许人性的幽暗在不同力量作用下就是这样复杂。

到第九节,肖波把话题引向十年浩劫,杨三姐遭了批斗,竟然被造反派叫成"徐杨氏"(今按:"徐"似应为"薛"),跟干部一起上台挨斗。她既是富农,又是在旧社会曾出过名的告状典型,竟有人批她"打赢了官司,是德行败咧,坏咧,黄色的思想忒重咧"。这与新中国成立前杨三姐被宗族头领找茬指责,被训斥抛头露面告状"失了贞节""不守礼教"而捆绑示众三天,不得不说有种讽刺的重合——今夕何夕?新旧何异?能说会道、不钻牛角尖、被孙女戏称为"有阿Q精神"的杨三姐,当时又一次有理说不清。被罚扫大街,也都忍了,但八十多的奶奶回忆到这里,提出了一个深刻的追问:我真想不开,咋啥时候都有帮着高占英说话的?

了解了她全部经历的我,对此竟无言以对。她抛出的这个问题梗在胸口。诚然,杨三姐莫名其妙、机缘巧合赢了官司,并没有丝毫改变当时的社会制度,可改变社会制度和世俗观念,抗击反动势力与封建魔爪的重任,怎应让她一个平民百姓来担负?杨三姐、缇萦、木兰……她们九死一生归来,可能还会失去更多,是怎样的重担压在她们身上?!

看着杨三姐的"想不开",我突然有点儿理解了那些符号化的古代列女形象和模式化的传记——避而不谈,也许正是为了少写一些悲苦无助。传记作者惯于春秋笔法,小心剪裁,却避开了那些于"告状之后"惨不忍言的绝望瞬间,绕开了那些无法回答的纠结问题。回避不是解药。一千个回避和粉饰,也不如一位杨三姐的朴素讲述,把"想不开"的艰难与"活下去"的勇敢,一起放到光天化日之下,揭示给世人看。

被冲击和围剿,在四面夹击中失去越来越多东西的,除了杨三姐,还有她周围的人。在她的讲述中,我们可以见到被流言包围和影响着的她们。如她所说:"我告了高家,也算是告赢了。可我告不了大伙儿的嘴。"告状和嫁人是两码事,她挣脱不开禁锢女人的那些枷锁。"杨三姐卖身告状"的流言传开了,远近的人对她的非议,令她伤心又不服。"唉,谁让我是个女人家呢。我若是个男子汉,莫说是没有那勾当,就是真有了那码事,人们盘论起来,还说是占了便宜哩。可不,为了告状,勾搭上了衙门里的太太小姐,把官司打赢了,这多能耐!若是女人家,给你扣上这黑锅,就丢人啦!要不咋说,脱生个女人,就是活该倒霉?"至少在旧社会,"妇女的冤仇重",那些出头救父后香消玉殒的女子,比如清代的蔡蕙和施寅,书里不写,可未必就没有邻里的指指戳戳,加速消耗着她们。

总之,若思想仍处在保守状态,或是像杨三姐这样实打实吃过亏之后，再看如今的男女平等，总还是带着隐忧：在村里宣传计划生育的晚辈"秀梅还没出阁呢，就走家串户地动员着上环儿啊，结扎呀，说得牙白口清的。在那年月，就冲这一码，她就别想找人家咧！"她看自己青春正好的孙女，"天天晚上到村里文化站去，说是看书，打'拍拍球'，还唱呀跳呀的。我常嘱咐她，闺女家得稳当着点儿，别跟半大小子们叽叽喳喳，捅捅咕咕地。要不，乡亲们盘论起来，好说不好听！"这话我猜年轻的薛淑翠一定不爱听，嫌奶奶古板、观念过时。可杨三姐在秀梅、淑翠的年纪，也是不管不顾出门求人、进城告状的，她变得这样小心，正因为见过、痛过，怕了。她的嘱咐是想保护后辈：谁能告赢得了乡亲们的嘴呢。看着秀梅、淑翠等在新时代长大，杨三姐自己日渐老去，回忆里都是旧时候那些受苦的女人：有她的闺蜜双妞儿，被媒人骗，所嫁非人，寻了短见；有她母亲，生性善良的农妇，失去了二姑娘，家里告状担惊受怕，告完状又差点儿失去了老三。

这几代女性的苦，到了孙女淑翠这一辈，也许不用再延续了。奶奶和孙女抬杠，彼此说的话有对方听得懂的，有听不懂乱打岔的，肖波记下了好多有趣段落。也算是老人晚年与新时代女性相处呈现的新气象。

杨三姐"想不开"的至暗时刻，是因为被当众羞辱和退婚，也因为众叛亲离、看不到未来。误会她的人里，包括一起长大、情同姐妹的双妞儿，也包括曾以为能理解她、想与之谈婚论嫁的大秋。未婚夫信了谣言，找理由退婚不说，还在外面放话说什么宁打光棍也不戴绿帽。堵不住非议的人的口，往后可怎么活？明明告下状来，以为伤心事能翻篇，回来能好好过日子，可生活给她希望，又夺走她的希望。庆幸的是杨三姐被救下来了，她不忍再让母亲伤心，而且她决定相信自己，人言可畏就可畏，自己要活出个人样来。她找回了倔劲儿，往前走了。这种对苦难的承受力和往好处看、尽量想开的生命力，真正成就了这位享年八十四岁老人的传奇人生。

最后说下无关旧案但关乎杨三姐形象的，是她朴实谈吐中闪耀着的独特幽默感。这并非来自读书积累的学识，而是性格与品性中的人格魅力。肖波整理录音固然会有所润色，但九节访谈中她妙语连珠，快人快语，很有性格，实在是个乐观勇敢又不失周到稳重的人。这样的性格，如本章开篇所说，同样出现在很多成功人士身上。

继续转换观念的话，杨三姐不必跟谁比较，本来就活出了自我。她的一生不得不背负很多压力，不能说她满足观众期待才是成功，也实在不必把告状的运气看成她终生的至高成就。在我看来，她伶牙俐齿地长大，擦干眼泪生还，咬紧牙关熬过，大风大浪经过，宠辱不惊老去，她见证动荡也迎来新生，把故事讲完后从容去世。她比很多同龄人长寿，也比很多晚辈看得透，还见证了很多仇人的末日[1]，也活到了更好的年头。她生命最后的几年，又一次看到拨乱反正，乐呵呵看孙辈念书、交友、发现新事物……这纵然不是完美的一生（假设真存在完美），也是足够丰富、宽阔、精彩的一生。

她是这样乐观要强爱说笑。爱笑的姑娘不一定好运，但一定不甘心垂头丧气过一辈子。她到老也爱美，说到自己谈婚论嫁的时候（还没被退婚的时候），她一面担心，"像我一个姑娘家，跑跑颠颠地，像个假小子，乡亲们就看不惯。又这么一走衙串县地打官司告状，不知道人们背后说啥呢。我掂量自个儿的斤两，是怕没人家爱要哇"；另一方面，她也自信，宁缺毋滥，"木匠斧子——两面砍，不是有门槛子的人家，我还不去哩！再说，我在年轻的时候，也不是这模样儿，虽说没有钱，也没有闲心擦胭脂抹粉儿地，可庄里说起来，也算是个利索人儿"。后来说媒的夸她，"出落得聪明伶俐，招人喜欢，嫩得一掐能出水儿，真是女大十八变，越变越好看"。她到八十多岁时，也不怕说起这段，"人哪，都是竖着好吃，横着难咽，我虽然知道自个儿是个庄稼丫头，随大流儿的模样儿，也是爱听一百一，不爱听九十九"。突然就理解了新凤霞来访那年要拍照为何没拍成，不论其他因素，想来杨三姐自己心里也是拒绝的：唱戏的人还美着呢，而她自己却已青春不再。就像肖波刚

---

[1] 高家凶手与杨姓族长，都死在她前头。

来采访时问她告状和戏里有啥差别,她还把自己跟演员比了比,就讲"演戏演戏么,还能跟真的一样?你看我这模样儿,能有人家唱戏的俊么?眼睛花咧,耳朵也背,离了拐棍儿走不了道儿啦",但转念一想,她又爽朗地笑道,"年轻时我也不是这副模样儿"。

关于杨三姐的妙语连珠。她早年虽心里属意了崔大秋,但从未把话说明,"要是把话说明,就没啥意思啦!这就像变戏法儿似的,你若知道了是咋变的,就没有看头儿咧"。只是想到他,就直害臊。但"话是这么说,一个人的心若是分两瓣儿,这一瓣儿常跟那一瓣儿打架"。恋爱中朴素的道理,让她讲得活灵活现。

被崔家退婚,她短暂消沉,等嫁给了"翠儿爷","到了他们这徐(薛)家门口",都二十三了,被人笑话年纪大、寒酸。"我心里话,笑话是一阵子,过日子才是一辈子,是骡子是马咱遛着看",死过一次,当年那个敢于反抗、坚持不懈的倔强姑娘又回来了,"我就不信它日头爷儿总是正晌午!"她敢说又敢拼,这股子志气,能成就传奇,也能投身生活,勤劳致富。"过了门儿,翠儿爷挺厚道,也知道心疼我",被人嫌弃过、遭遇过退婚的她,见这不是高家那般"牲口人家",放下心来,打算老实出力。她对丈夫说:"我到你家来咧,咱就得过个样儿让大伙看看,别让人瞧不起。"丈夫倒是穷惯了的老实人:"咱家穷得叮当响,能过出啥样儿来?对付着活下去就不赖了。"可她不干："没有苦中苦，难得甜上甜，咱就拼着命过上它十年八载，不愁成不了个人家！"当然，在访谈中，她话里话外总强调当初是嫁到了穷人家，夫妻白手起家攒下十七亩半地，也是在暗示土改时给她家定的成分有问题。这一家之言，此处也不细究，但仍然可以相信她要强、好好过日子的心劲儿真实不虚。

她未必背得出什么名著和经典语录，但脑子里有说不完的俗语歇后语，用来形容各种心情，传递各种道理。当不愿旧事重提，她会说"总叨叨就像往咸菜缸里兑水，越来越淡，没味儿了"，很有生活气息；说起民国那会儿成先生演戏被巡警找麻烦，她自问自答："我听说在唐山演的时候，巡警狗子们把戏园子给砸了。为啥？狗尾巴连着狗脊梁呗！"是民间对"官官相护"的绝妙形容啊。

跟双姐唠嗑，杨三姐说告状时想着"横的怕楞的，楞的怕不要命的"，"二姐死得冤枉，咱就蔫吃了？豁出去跟他轱辘呗！""我凭啥把官司打赢了？死乞白赖，有个磨劲儿"。文静羞涩的双姐还天真地说："也是碰上清官了，光凭不要命也不中。"但杨三姐心里有数，她说："那年月，哪个庙里没有冤鬼？要说是碰上清官咧，我可不认承。我看透了，赃官是初一，清官是十五，都是那路货！"这词儿用得妙！这泼辣劲儿！

还是小姐妹唠嗑时，她劝双姐嫁人要看好人家，说"买猪也得看圈，牲口人家可千万不能去"。她解释说，这都是教训，

"是我二姐那码事经的。不挨打想不起把式来"。可惜，双妞没听进去。后来，杨奶奶对着肖波，惋惜双妞和"想闺女想疯咧"的二婶子，也观察到了新时代谈婚论嫁的变化：如今难被媒人骗，因为她们自己会调查，"姑娘们还没过门儿，车子一蹬，刺溜一下子，就跑到婆家去咧！嘴上说得好听，是给对象做了双鞋送过去，其实是摸底儿去了，唠贴心话儿去咧！炕席上有多少苇蔑儿都吃在肚子里啦！谁也蒙骗不了谁！"瞧瞧这老太太，既通透，又敏锐。

她生了五个孩子，有男有女，如一把手指头。她丈夫早死，是否跟划成分有关也有说法。杨三姐一次次努力，总在好日子触手可及时遭遇新问题，看着怪让人难受。她自己说起伤心事，也灰心丧气，"算卦先生说我是土命人，墙上的土，光挨扫……沾上我的边儿的人都得不了好"。肖波厚道，就没再问她丈夫的死，她爹娘的死，她与哥哥杨国恩的关系等——正如她不愿说起曾被族长折磨、被乡邻羞辱之事一样，风烛残年，问题太多，勾起太多伤心事，对身心都是不小的负担。但她说到自家因成分而"可不敢乱说乱动呀，乡亲邻居也不走动了"时，就又想起了新凤霞，而且自己提了起来。她用电影里的名字"张五可"来称呼新凤霞，觉得谐音"风匣"不好听。她说，"我忘不了人家张五可姑娘可来过我家……还有她的对象——姓吴，慈眉善目的，人家两口子坐着大马车来看我，那年我五十八，冷待他们咧！为啥？我怕连挂人家呀！说是怕连挂,到底人家还是受了连挂咧!"与新凤霞返京后抛下杨三姐的真实近况,一门心思研究杨三姐的舞台形象相比,杨三姐在与二人告别后也还关注着吴祖光、新凤霞夫妇,叹息他们回京后吴就被打成右派。与新凤霞所言的杨三姐受制于儿子的情况不同,杨三姐没说是儿子不让她拍照和多说话,只说是自己怕连累人家。

她是世故了,老来更通透。但她仍保有倔强的善良,一如当年告状的小姑娘。她最后感谢县长——当今的县长,来探望她时握她的手,夸她"好样的",还代表党和政府给她一百块钱慰问金,"让我补养补养身子"。她感叹"这世道可是从来没有过呀!倒流水儿",也想通了自己是"老来福"。曾经给她家错定成分的村干部,又来找她说要"按政策把帽子给你摘了"。她觉得,"反正戴帽子是假的,也不真扣在脑袋上",从前"我是老骨头老肉的,折腾不死就算命大",现在"摘不摘我倒显不出啥来",只要孩子们欢喜且不再受连挂,她也就"中"了。肖波记录了她在采访中的最后一句话:"那让我咋说?教的曲儿我可不会唱!"还是心直口快的那个她。

跟缇萦与木兰等人一样在坎坷中成长,一样(甚至更加)坚韧,从旧社会走出来,于激荡中眼望光明的杨三姐,更具备跨时代的优势。她哪里是"土命",而是代表了土生土长、自强自立的中华儿女,是响当当如铜豌豆、天地所钟的一束精魂。从庄稼妞到老寿星,她这颗真心,饱经风霜,历练成金。

参考文献

一、支线阅读

［英］派特·巴克：《少女的沉默》，翁海贞译，北京联合出版公司2020年版。

［英］亚历克斯·麦克利兹：《沉默的病人》，祁阿红译，河南文艺出版社2020年版。

［韩］李秀妍：《秘密森林：原著剧本》，邱淑怡译，时报文化出版公司2019年版。

（注：以上三部著作推荐分别放在第一章"沉默"后及作为第一章和第四章的支线来阅读。笔者的分析依次详见《战争中的妻子》《恋情里的愤怒》《法律世家又如何》，均可在"田田DR"公众号输入"支线剧情"查阅。）

二、论著（按出版或发表先后排序）

王子今：《秦汉文化风景》，中国人民出版社2012年版。

方潇：《中国古代的代亲受刑现象探析》，《法学研究》2012年第1期。

［日］宫宅洁：《中国古代刑制史研究》，杨振红等译，石洋等审校，广西师范大学出版社2016年版。

张朝阳：《缇萦如何能救父——汉天子的软实力》，《文史知识》2017年第8期。

孙家洲：《西汉朝廷"大洗牌"：汉文帝入继大统前后的政治

博弈》,中国人民大学2020年版。

王子今:《古史性别研究丛稿》,陕西师范大学出版总社2021年版。

李如钧:《宋人对西汉名法官张释之的评价》,《史学汇刊》总第38期。

侯晓琴:《佘西州救父事的文学书写——以祁韵士等四位清人诗歌为中心》,《名作欣赏》2019年第9期。

三、史籍(按所涉朝代排序)

邓长春:《〈汉书·刑法志〉考释》,上海古籍出版社2023年版。

丁如明等校点:《唐五代笔记小说大观》,上海古籍出版社2000年版。

《宋元笔记小说大观》,上海古籍出版社2007年版。

《明代笔记小说大观》,上海古籍出版社2007年版。

[明]吕坤辑:《闺范》,古吴轩出版社2015年版。

[明]冯梦龙编著:《三言·喻世明言》,陈熙中校注,中华书局2014年版。

徐珂编撰:《清稗类钞》,中华书局2010年版。

《清代笔记小说大观》,上海古籍出版社2007年版。

杨一凡主编:《历代珍稀司法文献》,社会科学文献出版社2012年版。

杨一凡、徐立志主编:《历代判例判牍》,中国社会科学出版社2005年版。

后记

——也许，不再沉默

我无法阐明所有疑问，但我努力证明她们活过。

感谢您读到这里，没有被沉甸甸的话题、一连串的问题、密密麻麻的考据绕晕。希望这突然简短的尾声，再给您一个惊喜。

对奇女子生平故事的追寻，是段流动的旅程。晚清民国至今，百余年中有识之士重述"英雄"并倡导平权，缇萦和木兰等"善女子"的形象得以再造，这些是要"缘更"成续集的。后面有勘误和更新，会先放在微信订阅号"田田DR"里，也欢迎读者前来留言讨论。

打破沉默，皆因她们值得。更深的思索、更好的问答和更细的观察，我们也值得。探索途中，谢谢您的陪伴。

审稿修改过程中，我写下《纪念我的父亲（1960—2023）》。本书的构思、直接动力，如开篇所言，来自备课中的追问"少女缇萦后来呢",而深层原因,也许是那一次次守在ICU门外时、看诊断书时、对着病人时,脑中闪过的:如果能救他,我愿意付出什么?我当然知道,灵魂和身体,都是不能交易的。但忍不住就会这样想。

读史,除了增强心理承受力,有时候也是想从别人身上,帮自己找答案。在过去自顾不暇的三年里,从完稿到修改,对着历史故事,推想人物选择,联系自身处境……说不致郁也难。

我爸(是的,我习惯这样叫他,按照我家的日常,几乎没有什么场合要正襟危坐叫他父亲大人),艰难支撑到2023年,最后病故在一个不冷不热、生机勃勃的时节。在这之前我也盘算过,得做些什么。结果,我没请假也没调课——一节都没调,他走在一个周末,仿佛预留了时间,让我来回奔波后还能有一点喘息时间。

而爸爸还在的那个时候,也是2023年能来去自由的春天,我出差途中特意查了资料,去到了书中写到的相传岳家银瓶姑娘投井的地点。无论是到西湖边上那个被当地老伯说成"骗游客"的复原井口转圈拍照,还是在"孝女路"上来回穿梭。好端端的,我就哭了。而之所以会哭,是因为去到那里我才发现,那是一条多美的路——有学校,有医院,充满了生机,与那个黑黝黝的窄小井口,是多鲜明的反差。那口井也太小了,里面的水该多冷啊。虽然是传说,但细想下去,依然令人不安。

　　银瓶还那么年轻，假如她能多看一眼杭州美丽的春天会怎样呢？可是越难舍这世界，不就越难作出抉择？我当时纠结不已，越哭越狠。有些问题，与其仓促断言，不如用一生来慢慢思索。但在本书的末尾，我想留下的，绝不是无解的悲伤，而是在诸多疑问里逐渐凝聚出来的一个方向：法律史也好，悲喜剧也罢，最终都要回到人，回到对人的选择与命运的关心上；对每一位救父者，古人可以歌颂，今人可以评说，但救父者的生命，只能她们自己承担。这种承担，是论心不论迹的，也就是无论现实中是否成功，她们已有立志和行动，且成功与否，要受传统法律、习俗、文化观念的制约；评价如何，则受古今差异的影响，因此从遥远的现在去观测她们的命运，绝非一场独角戏。

　　我会悄悄祈愿，她们自始至终是遵从本心的，也是源自"道德律令，在我心中"的坚定。这样，无论走了哪一条路，无论走到了哪一步，都能坦然面对、不留遗憾吧！